Ein Wolf's Buch

Bodo M. Wolf

Nie wieder easyJet

Mit Grafiken und Bildern
von
Rogér Wolf,
Evelyn Wolf
und
Bodo M. Wolf

Ein Buch aus dem
Wolf 's-Verlag Berlin

Bibliografische Information Der Deutschen Bibliothek:

Die Deutsche Bibliothek verzeichnet diese Publikation in der Deutschen Nationalbibliografie; detaillierte bibliografische Daten sind im Internet über <http://dnb.ddb.de> abrufbar.

ISBN 978-3-86164-012-7

Wolf 's-Verlag Berlin
1. Auflage 2008

Printed in Germany

Einband und Gestaltung: Evelyn Wolf
Satz und Bildverarbeitung: Wolf 's-Verlag Berlin
Herstellung: Books on Demand GmbH, Norderstedt

Bild auf der Titelseite: Rumpf und Triebwerk eines Luftfahrzeugs

Inhaltsverzeichnis

Verzeichnis der Bilder

Nie wieder easyJet

Mit einer Buchung fing das Malheur an.
Ich hatte eine Ausstellung. Einige meiner Ölbilder hingen in Berlin.
Wenn ich zur Galerie oder von dort nach Hause fuhr, kam ich an einer Litfaßsäule vorbei. Sie stand an einer Kreuzung. Durch eine Ampel wurde hier der Verkehr geregelt.
Immer wenn ich an die Kreuzung kam, schaltete das Licht auf Rot. Dadurch wurde ich zum Anhalten gezwungen.
Es kam mir vor, als sei die Ampel mit der Werbung programmiert.
Die Litfaßsäule drehte sich einmal um die eigene Achse. Danach kam die Grünphase und ich konnte weiterfahren.

War es nun die Drehbewegung oder das protzige Plakat was meine Aufmerksamkeit erweckte? Ich möchte mich nicht festlegen. Klar war nur, mein Blick fiel immer auf diese Werbung. Sie zog mein Interesse so auf sich, dass ich mir die Internetadresse notierte, die dort in großen Buchstaben angeschrieben stand.
Billige Flüge wurden angepriesen. Die Fluggesellschaft, die hier Reklame machte, nannte sich easyJet.
Eigentlich hatte ich mich für eine Reise in diesem Sommer schon festgelegt, aber im Internet kann man ja mal surfen und diese Adresse aufrufen.

Nach England müsste ich sowieso. Schließlich steht noch eine Recherche aus, die wir für ein Buch durchzuführen haben. Vielleicht gibt es einen günstigen Flug, dann könnten wir dieses Projekt endlich weiterführen.

Werbung zeigt also auch bei mir manchmal Wirkung.

Entschlossen tippte ich die Buchstaben auf der Tastatur, die ich mir auf dem Zettel notiert hatte. Das Label der Fluggesellschaft erschien auf dem Bildschirm. Der Computer beantwortete mir meine Fragen.

Mein Ziel hieß Liverpool, Manchester oder Newcastle.
Nach allen drei Städten ging die Suche. Verschiedene Termine gab ich ein. Das günstigste Angebot wurde für Newcastle ausgewiesen. Mit 2,99 Euro für jeden Flug war der Preis ausgezeichnet.

Der mögliche Termin lag etwa drei Monate im Voraus. Hinzu kommen noch ungefähr 19,00 Euro für Flughafen- und Sicherheitsgebühren. Das heißt, die Gebühren sollten mehr als sechs Mal höher liegen als der eigentliche Flugpreis. Das erschien mir so unwahrscheinlich, dass ich erst einmal den Gedanken an die Realisierung dieser Sache verwarf. Deshalb widmete ich mich anderen Dingen.

Dennoch kreisten die Gedanken immer wieder um das unglaubliche Angebot. Wie kann eine Fluggesellschaft einen Passagier für weniger als drei Euro von Berlin nach Newcastle befördern? An dieser Sache ist bestimmt etwas faul. Welcher seriöse Anbieter kann für diesen Preis eine derartige Leistung ausführen?

Ich hatte Bedenken. Kostete doch in Berlin eine Fahrt mit der U-Bahn fast genauso viel wie der Flug von Deutschland nach England. Oder gar die Einsteigegebühr in eine Berliner Taxe, sie entspricht dem Transportpreis per Flugzeug für fast eintausend Kilometer. Was sind das für Relationen?
Wo ist der Haken?
Welche Sicherheiten gibt es?

Schließlich wird ständig im Fernsehen und in Rundfunksendungen über unseriöse Machenschaften von Reiseunternehmen und Reiseveranstalter berichtet.

Billigflüge sind verlockende Angebote. Sie bieten, auf den ersten Blick betrachtet natürlich vielen Menschen die Möglichkeit, sich kostengünstig einige langgehegte Wünsche zu erfüllen.
Auch mein Interesse ließ mir keine Ruhe und so klickte ich bei der nächsten Gelegenheit erneut im Internet die Seite von easyJet an.
Das passable Angebot stand immer noch. Gleich für mehrere Tage bot sich die Möglichkeit, für diesen unglaublichen Preis von 2,99 Euro von Berlin nach Newcastle zu fliegen.

Nach Liverpool und Manchester würde der preiswerteste Flug 7,99 beziehungsweise 10,99 Euro kosten. Dazu kämen natürlich die Gebühren. Der Preisvergleich wies hier die gleiche Höhe aus wie bei einem Flug nach Newcastle.

Ich blätterte die Seiten durch, um die Vertragsbedingungen zu erfahren. Doch darüber stand in der Internetseite nichts.
Das war bedenklich.

Unter der Überschrift – Vergünstigte Exklusivangebote für easyJet-Kunden – wurde ein 'easyJet-Reiseschutz-Paket (Reiseversicherung)' angeboten.

Der Cursor führte mich zu dem Exklusivangebot. Dort stand:
„Gut versichert ist besser verreist: denken Sie bei Ihrer Flugbuchung auch

an Ihre Sicherheit und schließen Sie am besten das exklusive easyJet-Reiseschutz-Paket gleich online mit ab."

Ein Preis dafür wurde nicht genannt. Erläuterungen zum Vertragsinhalt, zu den Vertragsbedingungen usw. waren auch hierfür nirgends zu finden.
Die Sache kam mir sehr undurchsichtig vor. Wer schließt schon ein Reiseschutz-Paket ab ohne den Inhalt zu kennen. Das wird wohl nepp sein, sagte mir eine innere Stimme.

Was bedeutet hier Sicherheit?
Was ist ein exklusives easyJet-Reiseschutz-Paket?
Warum schreibt der Anbieter, hier easyJet, 'Gut versichert ist besser verreist'? Will die Fluggesellschaft vielleicht mit Hilfe des zu erzielenden Preises für die Versicherung einen Teil der Kosten für das Billigangebot im Flugpreis decken?

Das nächste Angebot weckte zwar mein Interesse. Ich betrachtete es aber ebenfalls mit der gebührenden Skepsis. Unter der gleichen Überschrift wurden auch „Exklusive Mietwagenangebote am Flughafen" offeriert.
Auch das wäre natürlich für uns von Bedeutung. Wenn wir schon nach Newcastle fliegen, dann wollen wir auch nach Liverpool und Manchester. Das geht dann am besten mit einem Auto.

Also las ich weiter.
Und da stand:
„Exklusive Mietfahrzeugangebote von Europcar sind an allen easyJet-Destinationen erhältlich. Achten Sie nach der Buchung Ihrer Flüge auf den Link."

Warum will easyJet diese Angebote erst nach der Buchung preisgeben?
Das kam mir wie ein Bauernfang vor.
Wenn das Angebot koscher ist, sollte es doch offenbart werden. Und das nicht erst nachdem die Flugbuchung abgeschlossen ist.
Würde das Angebot günstig sein, so trägt es doch zur Werbung bei.
Der Eine oder der Andere könnte gerade aus einer für ihn interessanten Kombination aus Flug und Auto den Vertragsabschluss anstreben. Besser schien es, die Finger von der Sache zu lassen.

Doch einige Tage danach klingelte das Telefon. Ein Freund rief an und berichtete mir von seinem Kurztrip nach Zürich.

Auch er hatte seinen Flug aus dem Internet. Er war mit einem Billigflieger geflogen. Zwar nicht mit easyJet, sondern mit einer anderen Gesellschaft. Zufrieden sei er gewesen. Pünktlich ging es von Berlin nach Zürich und auch zurück. Allerdings ohne Komfort. Essen und Trinken konnte man an Bord käuflich erwerben. Die Leute hatten alle ihre Stullen und Getränke bei sich. Auch er hatte sich vor dem Abflug mit dem Nötigsten eingedeckt.

„Wenn Du das im Flugzeug kaufen willst, ist es teuer. Ob es Dir schmeckt, ist auch fraglich." Das waren seine Worte.

Meine Skepsis war verflogen. Und so entschloss ich mich, einen Flug für drei Personen von Berlin nach Newcastle und sieben Tage später den Rückflug von Newcastle nach Berlin zu buchen.

Natürlich wollte ich das im Internet vornehmen. Schließlich verfüge ich über einen Internetanschluß und bezahle dafür in jedem Monat erhebliche Gebühren.

Genauso wie in der Maske der Fluggesellschaft beschrieben ging ich vor. Gab alle geforderten Daten ein, doch nachdem Kontonummer und Bankverbindung abgefordert waren, gab mir der Computer zu verstehen, die Buchung ist nicht möglich.

Weitere Versuche führten zum gleichen Ergebnis.

Vielleicht liegt es an dem angegebenen Konto? Vorstellen konnte ich mir das nicht, denn ausreichend Geld war darauf.

Eine zweite Checkkarte nahm ich zur Hand und versuchte es über die Angaben meiner anderen Bankverbindung.

Auch hier zeigte der Computer stets das gleiche negative Ergebnis.

Meine dritte Bankverbindung brachte auch nichts positives.

Immer wieder ging ich alle beschriebenen Schritte durch. Es blieb ohne Erfolg.

Bei uns in der Nähe ist ein Reisebüro.

Vielleicht sollte ich da einmal nachfragen. Es müsste doch möglich sein, die Flugtickets dort zu buchen. Schließlich habe ich in diesem Reisebüro schon einmal Tickets nach Los Angeles bekommen.

Aber nichts von alledem.

Von wegen Reisebüro. An solchen Dienstleistungen, wie ich sie mir vorstellte, gibt es offenbar nicht genug zu verdienen, oder welchen Grund gibt es für die abschlägige Antwort, die ich auf meine Frage bekam.

Mit mürrischer Miene gab mir die Dame hinter dem Tisch zu verstehen: „Für Billigflieger gibt es bei uns keine Flugscheine."

Auch die Frage, ob sie wisse, wo ich für diese Fluggesellschaft Flugscheine bekommen könne, beantwortete sie kurzsilbig; „wahrscheinlich über das Internet."

Und auf die Frage, ob es in Berlin ein Büro der Fluggesellschaft easyJet gibt, kam ein; „weiß ich nicht, müssen Sie im Telefonbuch nachsehen."

In gewisser Beziehung konnte ich den Groll dieser Frau nachvollziehen. Zerstören die Billigflieger doch einen Teil der Geschäftseinnahmen der Reisebüros. Doch die Art und Weise, wie sie mich behandelte, war ein sehr negatives Beispiel für eine Kundenwerbung. Mich ist man als Kunden los. In diesen Laden werde ich keinen Fuß mehr setzen.

Aber damit war mein Problem nicht gelöst.

Nur eines hatte sie erreicht, für mich wurde der Billigflieger easyJet jetzt erst richtig interessant.

Fragen schossen mir durch den Kopf.

Was war wohl die Ursache der Abneigung?

War es die Konkurrenz, die plötzlich durch das Auftauchen solcher Fluggesellschaften Missgunst hervorrief? Oder war es die Abneigung gegen ausländische Unternehmen, die hier auf den Markt drängten? Sind es grundsätzlich die Billigflieger?

Letzteres konnte es eigentlich nicht sein.

Hatte ich doch vor wenigen Monaten eine Reise auf die Kanaren angetreten. Konkret auf die Insel La Palma. Eine wunderschöne Insel. Wenn ich nur daran denke, komme ich wieder ins Schwärmen. Diese Extreme, wie sie die Natur auf einem derart engen und kleinen Raum zu bieten hat, habe ich zuvor nirgends erlebt. Neben Bali und Hawaii zählt La Palma zu den drei schönsten Inseln der Welt.

Außer den kuriosen Wetterkapriolen bietet die Insel erstaunliches und sehenswertes. Wenn der Sonnenschein den Lavasand am Strand im Osten erwärmt, prasseln zur gleichen Zeit, kaum mehr als zwanzig Kilometer Luftlinie entfernt, dicke warme Regentropfen in den weißen Sand im Westen der Insel.

Bild 1 – Über den Wolken von La Palma mit Blick auf die Insel Gomera

Dazwischen wabern in zwölf bis fünfzehnhundert Meter Höhe Wolken und Nebelschwaden durch die Wälder, aus denen die Gipfel der Berge ihre Spitzen zum alles überdeckenden blauen Himmel recken.
Es war eine schöne unvergessliche Reise.

Bild 2 – Nebel steigt aus dem Tiegel der Caldera de Taburiente

Wir hatten sie in einem Reisebüro gebucht. Den Flug inbegriffen. Er wurde von einem Billigflieger realisiert. In einem solchen Fall kennen die Veranstalter offenbar keine Skrupel, ihren Kunden diese Reise anzubieten. Schließlich senkt das den Preis. Damit lässt sich die Reise besser verkaufen.

Da der Flug nur ein Bestandteil des Paketes Reise ist erfährt der Kunde ja nicht, dass ihn ein Billigflieger befördert.

Fragt man aber nach einem Ticket für einen Billigflieger, dann lehnen sie brüskiert ab. Wer will schon mit einem Preisbrecher Geschäfte machen?

Ist das etwa ein Geschäftsgebaren mit Doppelmoral?

Hier wird die Diskussion wage und sollte nicht weiter geführt werden. Sonst ist man noch verleitet, Analogien zu Streikbrechern in der Wirtschaft herzustellen.

Bild 3 – Nichtbrennbare Kiefern in den Wäldern um die Caldera

Bild 4 – Fassade eines Wohnhauses in der Inselhauptstadt Santa Cruz

Aber vielleicht ist das gezeichnete Bild von Billigfliegern völlig abwegig und falsch? Ist diese Bezeichnung „Billigflieger" überhaupt richtig und angebracht?

Was ist überhaupt ein Billigflieger? Warum wird eine Fluggesellschaft so bezeichnet?

Was heißt billig?

Für mich erscheint bei dieser Frage sofort ein Bild, das mir sagt, sei vorsichtig, denn billig ist gleichzusetzen mit minderwertig.

Schon mein Vater sagte zu mir: „Merke Dir mein Sohn, das Teure ist meist das Billige."

Tatsächlich verbürgt sich hinter dem Teuren in der Regel Qualität. Es ist egal was man betrachtet. Kleidung, Sportartikel, Fahrzeuge usw.. Das teure Erzeugnis ist strapazierfähiger, leistungsfähiger, langlebiger und, und, und.

Zum Vergleich zwei Paar Schuhe.
Die teuren sind am Fuß passgenau, behalten während ihrer Lebensdauer die Form und geben dem Fuß stets einen stabilen Halt. Ihre Haltbarkeit überdauert die der Waren mit niedrigem Anschaffungspreis bei weitem. Billige Schuhe hingegen haben bereits bei ihrem Kauf keine vergleichbare Passform. Sie sind schnell ausgelatscht, verlieren ihre Form und Stabilität. Ein längerer Gebrauch führt oft zu krankhaften Veränderungen der Füße.

Ein teures T-Shirt behält nach mehrfachem Waschen seine Form. Die Farben bleichen in der Sonne kaum aus. Es bleibt über lange Zeit gut tragbar. Ein billiges T-Shirt dagegen ist meist schon beim Kauf mit Pestiziden belastet. Nach dem ersten Waschen verliert es bereits Form und Farbe. Der Sonne ausgesetzt bleibt es nicht farbbeständig. Oft trennen sich die Nähte schnell auf. Es ist nicht strapazierfähig.

Bei Sportartikeln ergibt sich ein analoges Bild.
Ein teures Fahrrad ist meist leichter als ein gleiches billiges. Beim teuren wird besserer Werkstoff verwendet. Die Ketten sind verschleißfest. Die Reifen halten den Luftdruck über lange Zeit stabil. Der Sattel bleibt auch im Regen formbeständig. Bei billigen Fahrrädern sind die Ketten schnell ausgezogen und müssen ersetzt werden. Das gleiche bei den Zahnkränzen, den Tretlagern, den Pedalen usw., sie sind schnell verschlissen und müssen gegen neue ausgetauscht werden.

Hinzu kommt das äußere Erscheinungsbild, das teure Waren mit Qualität auszeichnet. Dem Besitzer verleihen diese Waren eine andere Aura, ein weitaus besseres Erscheinungsbild. Ja, sie heben sogar den Status, in den derjenige eingeordnet wird, der das Kleidungsstück trägt, das Fahrrad, das Fahrzeug besitzt.

Ein überzeugendes Beispiel bietet mein Freund Bernhard. Er lebt in Spanien. Hat dort eine kleine Tischlerei. Repariert und restauriert Türen, Schränke und anderes Mobiliar, das vielfach nach Einbrüchen schadhaft ist und der Restauration bedarf.
In den ersten Jahren seiner Tätigkeit in Spanien suchte er seine Kunden stets mit einem kleineren Auto auf. Aufträge waren rar. Das Geschäft dümpelte recht und schlecht vor sich hin. Es ernährte ihn kaum. An Gewinn war gar nicht zu denken.
Ganz anders lief die Firma von Pepe. Der hatte etwa zur gleichen Zeit wie Bernhard seine Tätigkeit im elf Kilometer entfernten Denia aufgenommen. Auch er war Tischler und beschäftigte sich mit den gleichen Arbeiten. Nur hatte Pepe einen ganz anderen Kundenkreis als Bernhard. Es war die gehobene Gesellschaft. Demzufolge nannte er auch völlig andere Preise für die gleiche Leistung.
Erst nachdem sich beide mehr oder weniger zufällig auf einer Fiesta trafen und anschließend gemeinsam beim Rotwein Erfahrungen austauschten, wurde alles anders.
Pepes Worte lagen Bernhard lange in den Ohren. Sagte er doch:
„Mit Deinem Auto wirst Du nie den richtigen Kundenkreis bekommen."
Pepe fuhr einen Wagen der gehobenen Klasse. Der war zwar nicht neu, gehörte aber in eine andere Kategorie.
Bernhard nahm diesen Hinweis ernst. Schon kurz darauf tauschte er seinen Kleinwagen beim Gebrauchtwagenhändler gegen einen nicht ganz neuen Mercedes ein. Natürlich war das noch mit einer Investition verbunden. Die hielt sich jedoch in Grenzen.
Bald darauf mehrten sich die Aufträge. Das Fahrzeug schien ihm Türen zu öffnen, die sonst verschlossen blieben. Der Tipp von Pepe war Gold wert. Schnell hatte sich die Investition rentiert.
Der Tischlermeister Bernhard verkehrte ab nun in den höheren Kreisen. Wurde zu Festen und Gesellschaften eingeladen. Kunden empfahlen ihn weiter. Die Aufträge nahmen so zu, dass er bald nicht mehr jeden Wunsch erfüllen konnte.
Seine Preise zogen an. In dieser Gesellschaft spielte das Geld auch keine Rolle mehr.
Oft denke ich an die Worte meines Vaters.

Ein markantes Beispiel dafür, dass das Teure auch das Billige ist, drängt sich geradezu auf, wenn ich die Fahrzeuge meines Freundes Lothar und meines vergleiche.
Ich habe einen BMW der Mittelklasse mit eintausendsechshundert Kubikcentimeter Hubraum.

Lothar hat einen Opel mit etwa gleicher Leistungsfähigkeit.
Natürlich war mein Fahrzeug im Anschaffungspreis circa fünfundzwanzig Prozent teurer als das von Lothar.

Seit dem Kauf habe ich bisher mehr als Zweihundertfünfzigtausend Kilometer ohne Reparaturen am Fahrzeug gefahren.
Mein Freund hat mit seinem Auto in der gleichen Zeit etwa den gleichen Weg zurückgelegt.
Nur hatte er bereits viele Reparaturen, neue Spurstangen, kompletter Austausch des Bremssystems, einen größeren Getriebeschaden usw..
Die Liste der Schäden, Mängel und Reparaturen lässt sich fortführen.

Nach etwa einhundertsechzigtausend Kilometer war der Wagen so verschlissen, dass er sich zum Kauf eines neuen entschied. Es sollte wieder der gleiche Typ mit gleicher Leistungsfähigkeit sein. Schließlich hatte er sich so an dieses Gefährt gewöhnt, dass er kein anderes mehr wollte. Auch dieser Wagen war häufig in der Werkstatt. In etwa mussten die gleichen Teile ausgetauscht werden, da sie verschlissen waren.

Unter dem Strich hat er für sein Auto bei gleicher Leistung wie die des meinen etwa das Doppelte bezahlt.
Hinzu kommen die normalen Kosten.

Um nur eine Position zu betrachten und zu vergleichen, ergibt sich folgendes Bild:
Bei etwa gleichem Fahrverhalten verbraucht der BMW im Durchschnitt sieben Liter Normalbenzin auf einhundert Kilometer und der Opel von Lothar verbrennt zehn bis elf Liter Superbenzin auf einhundert Kilometer Fahrbetrieb.

Das bedeutet allein in der Kostenkategorie Benzinverbrauch ist das billige Auto von Lothar dreißig Prozent teurer als mein BMW.
Ungeachtet dessen bleibt die allgemeine Einschätzung durch den Volksmund bezüglich der Besitzer derarter Fahrzeuge.
Böse Zungen sagen, es liegt an der Fahrweise. Ich möchte mich dieser Argumentation nicht anschließen und schweige.

Analoge Vergleiche ergeben sich in Bezug auf Billigflieger.
Der zuvor erwähnte Preis von 2,99 Euro bei der Fluggesellschaft easyJet ist ein außergewöhnlich niedriger. Bei keiner anderen habe ich einen gleichen gefunden. Auch bei easyJet galt dieser Preis nur für sehr wenige Plätze in einem Flugzeug. Das auch nur für denjenigen, der viele Wochen oder Monate im Voraus bucht.

Wer einen Flugschein für den nächstfolgenden Tag benötigt, der muss für einen Platz im gleichen Flugzeug in der Regel einhundertfünfzig, einhundertachtzig oder noch mehr Euro bezahlen.

Nicht immer ist es möglich einen Abflugtermin auf weite Sicht zu planen. Außerdem gibt es diese preiswerten Tickets in der Regel für vier, fünf oder sechs Plätze. Sind diese vergriffen, dann hat man nur noch die Möglichkeit, in einer höheren Preisklasse zu buchen. Auch dort ist die Anzahl der Flugscheine begrenzt. Und so schiebt sich die Preisspirale immer höher.

Verbraucherzentralen analysieren diese Praktiken und haben z.B. für den Billigflieger Reynair einen Durchschnittspreis von sechszig Euro pro Sitzplatz ermittelt.

Damit liegt der Billigflieger im Preis für jeden Fluggast natürlich unter dem der Fluggesellschaften, die die gleiche Flugroute im Linienflug realisieren. Wer nur darauf fixiert ist, entscheidet sich für den Billigflieger. Aber, wie der Berliner so sagt, ist das nur die eine Seite der Medaille. Denn dieser Preis ist nur der Grundpreis für das Ticket. Zu einem richtigen Vergleich gehört die Betrachtung aller Kosten und Gegebenheiten, die zu einem Flug gehören.

Es beginnt schon mit dem Abflugs- und dem Ankunftsort. Oft liegen die Start- und Zielflugplätze, die von Billigfliegern angeflogen werden, weit entfernt von öffentlichen Verkehrsmitteln.

Linienmaschinen dagegen, starten und landen in der Regel auf Flughäfen mit Anbindungen an den Personennahverkehr. Das bedeutet, An- und Abfahrt verteuern bereits den Flugspaß.

Wer sich gerade, weil dieser Flugplatz nicht anders zu erreichen ist, für die An- und Abfahrt mit dem eigenen Auto entscheidet, der muss hohe Parkplatzgebühren für das Abstellen seines Fahrzeugs in Kauf nehmen. Eine andere Variante wäre die An- und Abfahrt mit einer Taxe. Auch das wird ein teures Vergnügen.

Zum Grundpreis kommen bei einem Flugschein Steuern und Gebühren. Während diese beim Erwerb des Tickets für Linienmaschinen in der Regel im Preis enthalten sind, werden sie bei allen Billigfliegern auf den Flugpreis gesondert aufgeschlagen. Das kuriose daran ist, dass, wenn auch An- und Abflug beim Vergleich der Billigflieger vom jeweils gleichen Flugplatz erfolgen, unterschiedliche Steuern und Gebühren berechnet werden. Und das, obwohl alle Leistungen an diesen Flugplätzen für die Fluggäste dieser Fluggesellschaften völlig identisch sind. Geht man der Sache auf den Grund, was Verbraucherzentralen getan haben, ist festzustellen, dass vom Flugplatzbetreiber für die An- und Abfertigung, die Sicherheitsleistungen usw., die Gebühren in jeweils gleicher Höhe den Fluggesellschaften in Rechnung gestellt werden. Diese aber ihren Kunden in völlig unterschiedlicher Höhe, doch jeweils mit einem Aufschlag, weiter berechnen.

Unabhängig davon bedeutet das, zu jedem Grundpreis für den Flug kommen Steuern und Gebühren hinzu. Oft sind diese höher als der Grundpreis, den der Fluggast für den Flug zu entrichten hat.
Die nächste Problematik, die es zu beachten gilt, ist die Verpflegung.
Bei Linienflügen ist die Verpflegung, die dem Fluggast während des Fluges zu Teil wird, bereits Bestandteil des Flugpreises.
Ausnahmen bilden teilweise Getränke.
Jedoch kann grundsätzlich davon ausgegangen werden, dass mindestens zu jedem gereichten Essen ein Getränk gratis dazu gehört. Oft kann das gleiche oder ein zweites Getränk zu der Speise erwartet werden. Auch dies ist kostenfrei. In der Regel sind nur alkoholische Getränke wie Bier, Sekt, oder Wein kostenpflichtig. Bei einigen Fluggesellschaften ist Wein und eventuell auch Sekt noch kostenfrei.

Ich erinnere mich daran, als ich im vorigen Jahr auf einem Inlandflug von Barcelona nach Alicante mit der spanischen Fluggesellschaft Amoco eine Piccolo-Flasche mit Sekt nach dem Essen umsonst serviert bekam.

Oder als mir im Flugzeug einer amerikanischen Fluggesellschaft beim Flug von New York nach Dallas vom Steward gleich mehrere kleine Fläschchen mit französischen Rotwein kostenfrei serviert wurden.

Alkoholische Getränke mit einem Alkoholgehalt von mehr als zwanzig Prozent, wie z.B. Whiskey, Cognac, Wodka und andere sind im allgemeinen gegen Bezahlung erhältlich. In Ausnahmefällen werden auch diese auf Wunsch kostenfrei gereicht.

Wer einen Flug mit einem Billigflieger plant der kann nicht davon ausgehen, gleichen oder ähnlichen Service wie bei Linienflügen zu erfahren.

Grundsätzlich ist bei Billigfliegern die Verpflegung kostenpflichtig.
Eine Ausnahme bildet meist ein Snack. Er besteht aus einem kleinen Kunststofftütchen, in dem sich fünf bis maximal zehn Erdnusskerne oder zwei bis drei trockene kleine Kekse befinden.
Bei manchen Fluggesellschaften wird dieses großartige Mahl mit einem Getränk, oft in der Menge von 0,1 Liter Wasser oder Fruchtsaft ergänzt.
Jede weitere Speise oder Getränke sind gegen Gebühren beim Servicepersonal im Flugzeug zu erwerben.

Je nach Flugdauer ist das Angebot unterschiedlich. Dabei wird auch noch unterschieden, zu welcher Tages- oder Nachtzeit der Flug stattfindet.

Mitunter gibt es nur kalte Speisen. Sie werden als Sandwich gereicht und bestehen wahlweise aus zwei halben Weißbrotstullen, zwischen denen eine Scheibe Käse mit einem Blatt grünen Salat und einem Stück Tomate eingebettet sind. Oder zwei halben Weißbrotstullen, zwischen denen eine Scheibe Salami mit einem Blatt grünem Salat und einem Stück Tomate

garniert eingelegt sind.
Sie gleichen dem schnellen Happen, den der Tourist in England in jedem Tante-Emma-Laden und an jeder Tankstelle für wenig Geld erwerben kann.

Bei längeren Flügen ist das Angebot großzügiger.
Meist besteht die Möglichkeit, zwischen zwei oder drei gewärmten Fertiggerichten zu wählen.
Solche Fertiggerichte werden oft in einer aus Alufolie gepressten Servierschale angerichtet.
Sie bestehen aus einem Fleischklops, der mitunter auch als Steak bezeichnet wird. In einer Saucenlake, der Menge von zwei Esslöffeln gleichend und wahlweise mit Kartoffeln oder Reis ergänzt, werden vom Fachpersonal serviert.
Als Variante kann zu Kartoffeln oder Reis auch Fisch gereicht werden.
Verfeinert sind diese Gerichte mit einem Stückchen Salatblatt oder Krautsalat und Büchsenmais.
Die Servierschale hat in der Regel eine Abmessung von 15 mal 7 mal 1,5 bis 2 Zentimeter. Das alles wird in Folie verpackt gereicht.

Wer dazu etwas trinken möchte, der muss dieses Getränk bezahlen. Wird der Preis für die Verpflegung mit dem Grundpreis des Fluges verglichen, so lautet oft das Fazit: Der Flug war billiger als die Verpflegung.
Doch welches von beiden ist wohl mehr wert?

Noch vor nicht allzu langer Zeit konnte sich jeder Fluggast seine Verpflegung, die er während der Flugdauer benötigt auf dem Flug mitnehmen.
Doch die verschärften Sicherheitsbestimmungen haben zum Ausschluss dieser Möglichkeit geführt.

Heute wird jedem das Recht genommen, sich selbst zu verpflegen. Bekommt er Hunger oder Durst, so ist er gezwungen, Nahrungsmittel und Getränke von der Fluggesellschaft käuflich zu erwerben.
Damit steigt der finanzielle Aufwand des Reisenden und erhöht gleichzeitig indirekt den eigentlichen Preis des Flugtickets.
Jedoch bleibt es jedem selbst überlassen, wie ein Fakir den Flug zu überstehen, oder in die Tasche zu greifen und mit bitter saurer Miene den geforderten Preis für ein sehr dürftiges Menü zu zahlen.

Durch gezielte Bestimmungen und Gesetze unter dem Vorwand von akuter Bedrohung und Erhöhung der Sicherheit werden diese Mehrkosten für jeden Fluggast erzwungen.
So wird die Wirtschaft angekurbelt, es werden Arbeitsplätze geschaffen und das Geld den Menschen, die auf Sparen orientiert sind, aus der Tasche gezogen, um es in den Wirtschaftskreislauf zu pressen.
Vom Bürger kaum bemerkt, organisieren sich Staat und Wirtschaft auf diese Weise gemeinsam gegen die wachsende Konkurrenz von Billigflie-

gern und versuchen so diesen in ihren Expansionsbestrebungen Einhalt zu bieten.

Hier muss man gemeinsame Sache machen.

Schließlich ist die Politik am Erhalt großer Fluggesellschaften interessiert. Nur hier hat sie ein Mitspracherecht. Sichert sich Einfluss und Macht. Schließlich sitzen Vertreter des Staates in den Aufsichtsräten der Unternehmen, kassieren für wenig Leistung viel Geld und sorgen durch ihre Einflussnahme dafür, dass über die Einnahmen der Fluggesellschaft die Abgaben an den Staat gesichert und gesteigert werden.

Denn wer bessere Leistungen für wenig mehr Geld bekommt, der orientiert sich nicht um und wandert bei der Buchung des nächsten Fluges auch nicht zu einem Billigflieger ab.

Gedanklich muss ich mich von den Problemen der Urlaubsplanung und der Fliegerei lösen. Schließlich liegen noch ein paar Terminsachen an und die dulden keinen Aufschub.

Die Klage in einer Sache muss eingereicht werden. Die Vorbereitung der Unterlagen für die Berufung duldet keinen Aufschub mehr. Sie müssen spätestens in den nächsten drei Tagen abgeschlossen und dem Gericht zugestellt sein.

Deshalb hat die Arbeit Vorrang. Sie soll meinen Alltag bestimmen. Ich muss wieder produktiver werden.

Während das Tagesgeschehen, blättern in Akten, Gesetzen, Paragraphen, Urteilen des Bundessozialgerichts, unterbrochen von der Suche nach geeigneten Formulierungen und dem Niederschreiben selbiger im Schriftsatz am Computer meinen Tagesablauf bestimmen, läuft unmerklich ungewollt nebenher, die Planung der Flugzeugreise mit einem Billigflieger.

Vom Gezwitscher der Vögel im Garten werde ich geweckt. Ein Blick durch das geöffnete Fenster zeigt einen grauen Himmel. Die Blätter am Apfelbaum sind nass. Offenbar hat es in der Nacht geregnet.

Seit geraumer Zeit plagt mich ein leichter Druckschmerz auf der rechten Seite in der Nierengegend. Vor einigen Tagen, als ich bei meiner Hausärztin zur Routineuntersuchung war, habe ich ihr das gesagt.

„Wenn es schlimmer wird, können Sie ja noch einmal vorbeikommen. Ich gebe Ihnen dann eine Spritze gegen die Schmerzen." Dann fügte sie hinzu; „ich bin aber nur noch in dieser Woche da, ab Montag habe ich Urlaub."

Den Schmerz zu unterdrücken, das wollte ich nicht. Mir wäre es lieber, die Ursache wird gefunden und bekämpft. Doch das zog sie nicht in Erwägung, deshalb gab ich ihr zu verstehen:

„Es wird schon gehen. Vor dem Schlafengehen werde ich mich auf ein Heizkissen legen. Das lindert die Schmerzen auch ein wenig."

Jeden Abend verbrachte ich seitdem einige Zeit mit dieser Wärmeanwendung. Morgens erwachte ich stets mit einem leichten Druckschmerz in der rechten Hüfte. Am Tage verstärkte er sich, bis ich ihn am Abend wieder lindern konnte.

Die Tage vergingen.
An diesem Morgen sollte es anders werden. Beim Aufrichten erwischt mich ein starker Schmerz in der rechten Nierengegend. Er ist so stechend, als hätte mir jemand ein Messer in die Seite gerammt. Im selben Moment scheint mein Körper zu erstarren. Ich halte den Atem an. Schweißperlen dringen durch die Haut und stehen plötzlich auf der Stirn. Schmerz verzerrt greife ich an die Körperstelle. Jede Bewegung, selbst das Luft holen wird strapaziös. Als bohre sich das Messer immer tiefer in eine offene Wunde.
Ich kannte diesen Schmerz, denn schon seit vielen Jahren ereilen mich immer wieder Hexenschüsse an gleicher Stelle. Es ist zum Verrückt werden.

Mein Blick fällt auf den Kalender, der neben dem Bett an der Wand hängt. Es ist Freitag der Dreizehnte. Wie konnte das auch anders sein?
An dieses Datum habe ich nur schlechte Erinnerungen.
Ein solcher schwarzer Freitag, wie ich diesen Tag zu bezeichnen pflege, der wiederholt sich zwei bis drei Mal im Jahr.

Beim Frühstück planen wir den Tag.
„Was habt Ihr heute vor?" lautet die Frage von Evelyn.
„Ich will als erstes zum Arzt."
Nicht zu irgendeinem. Hier muss ein Spezialist ran.
Doch um einen Spezialisten aufzusuchen ist es notwendig, einen Überweisungsschein vom Hausarzt zu bekommen. So verlangt es das hoch gelobte deutsche Sozialsystem.

Eine freie Arztwahl, wie es der Wortlaut aussagt und wie es ursprünglich vorgesehen war, die gibt es schon lange nicht mehr. Dem Kranken werden zusätzliche Kosten und Wege auferlegt, bis er endlich in den Genuss einer ordnungsgemäßen, fachgerechten ärztlichen Versorgung gelangt. Deshalb muss ich zuerst zur Hausärztin.

Danach will ich zur Fachärztin für Physiotherapie, Frau Dr. Retter. Diese Frau macht ihrem Namen alle Ehre. Sie ist der Retter in höchster Not.

„Vielleicht kann mich Rogér fahren. Wir haben dann gleich anschließend noch mehr zu erledigen."
„Was heißt noch mehr?"
„Wir müssen nach Kreuzberg, zu Edwin. Der wartet schon auf die Fotos. Er bereitet den Katalog vor."
Mehr brauchte ich nicht zu sagen. Sie wußte, dass wir uns mit Ölbildern

an der Ausstellung im Künstlerhaus Bethanien beteiligen.
„Wann ist der Termin für diese Ausstellung?"
„Im November," antwortete ich.
„Daran habe ich gar nicht mehr gedacht. Deshalb Euer Eifer beim Malen der Bilder."

Gleich darauf folgte ihre nächste Frage.
„Welchen Wagen wollt ihr nehmen?"
„Ich dachte an den Golf von Rogér," erwiderte ich.

Beim Abtragen des Geschirrs klingelt das Telefon. Da ich in unmittelbarer Nähe bin, nehme ich den Hörer ab.
Günter meldet sich. Er ist einer meiner besten Freunde.

„Katrin ist in der letzten Nacht gestorben. Drei Tage nach der Operation."

Sie war seine Frau. Hatte Krebs und lag schon seit einem viertel Jahr im Krankenhaus. Die Ärzte schoben eine Operation immer wieder hinaus. Offenbar war es nun zu spät.

Während ich mit Günter spreche, drängt sich das heutige Datum wieder in mein Gedächtnis. Freitag der Dreizehnte. Warum ereilen mich solche Nachrichten immer an diesem Tag?

Wir fahren zur Hausärztin. Mit mürrischer Miene stellt die Arzthelferin die erforderliche Überweisung aus. Wie kann ich auch an ihrem letzten Arbeitstag vor dem ersehnten Urlaub mit einem solchen Sonderwunsch kommen.

Anschließend bringt mich Rogér zur Fachärztin.

Vor uns hinkt eine Frau, leicht nach vorn gebeugt in die Anmeldung. Aus ihrer Haltung entnehme ich, sie hat offenbar das gleiche Leiden wie ich.
Im Wartezimmer sitzen sechs Patienten.
Nacheinander gehen sie zur Behandlung.
Die Frau, die vor uns in die Praxis kam, wird aufgerufen. Mühevoll kommt sie aus der Sitzposition zum Stehen und schleppt sich mit Schmerz verzerrtem Gesicht in das Arztzimmer.
Nur wenige Minuten später kommt sie aufrecht gehend wieder durch die Tür und verlässt mit regelmäßigem Schritt zügig das Gebäude.

Während ich noch darüber nachsinne, wie schnell dieser Heilungsprozess vor sich ging, ist mein Name zu hören.
Nach kurzer Untersuchung meint die Ärztin, „ich muss Sie wieder einmal einrenken."

Mit festem Griff greift sie unter meine Arme. Schließt ihre Hände in meinem Nacken. Ein sanfter Druck streckt meine Wirbelsäule. Ich höre und spüre ein kurzes knacken. Gleich darauf fühle ich nur noch einen leichten Druckschmerz. Dann folgen zwei Einstiche mit einer Spritze

gleich rechts neben der Wirbelsäule und die Behandlung ist abgeschlossen.
Es grenzt an Wunderheilung.
„So, das war's. Dann bis zum nächsten Mal", sagt sie.
Aufrecht gehend, schmerzfrei verlasse ich den Raum.

„Nun zu Edwin", gebe ich Rogér zu verstehen.
Edwin sitzt vor seinem Computer und arbeitet am Katalog.
„Gut, dass ihr kommt. Habt ihr die Fotos mit?"
„Ja, natürlich."
„Ich habe schon auf Euch gewartet."

Nach einem kurzen Plausch fahren wir zurück.
„Wo soll ich Dich jetzt hinbringen?" fragt Rogér.
„Wir müssen noch in die Warschauer Straße zum Künstlerbedarf. Ich hatte in der vorigen Woche ein paar Keilrahmen mit Leinwand bespannt bestellt. Die können wir heute abholen."

Als wir Rahmen und Farben im Auto verstaut haben, schlage ich ihm vor:
„Möchtest Du zu Mittag Hähnchen essen?"
Natürlich antwortete er mit „ja".

Bei dem Wort Hähnchen, kommt mir der Flug mit einem Billigflieger wieder in den Sinn. Warum eigentlich? Ich habe den Flug immer noch nicht gebucht.
Ein Hähnchen hat zwar Flügel, es kann aber kaum fliegen. Diese Hähnchen sowieso nicht. Entweder hat man ihnen die Flügel gestutzt oder gebrochen, damit sie gar nicht vom Boden abheben können, oder sie werden in so engen Käfigen aufgezogen in denen Fliegen unmöglich ist.

Ich wende mich wieder an Rogér.
„Dann versuche mal einen Parkplatz in der Proskauer Straße zu erwischen. Wir gehen von dort zum Türken und holen uns eins."

Grillo heißt die Gaststätte, die in der Frankfurter Allee zwischen Niederbarnim und Mainzer Straße von Türken geführt wird. Hier gibt es das preiswerteste Hähnchen von ganz Berlin. Noch dazu ist es stets gut durchgebraten und immer knusprig. Sehr schmackhaft.

Mit unserem Hähnchen im Gepäck verlassen wir das Lokal.
Gleich daneben ist ein Bestattungs-Discounter. Am Fenster hängt ein Anschlag. Der zieht mein Interesse auf sich.
Im Text wird die Möglichkeit einer Beerdigung aus der Luft beschrieben.
Diese Form der Beisetzung nennt sich Ascheverstreuung.
Ein Flugzeug nimmt die Asche des Toten mit an Bord.
Der Start ist vom Flugplatz Hamburg-Uetersen vorgesehen. Von hier wird es Kurs zur Nordsee nehmen. Außerhalb der Zwölf-Meilen-Zone wird die Asche über dem Meer aus etwa eintausend Meter Höhe verstreut.

'Angehörige des Toten können mitfliegen und so an der Zeremonie teilnehmen,' heißt es auf dem Anschlag. 'Eine Bestätigung der Beisetzung durch Auszug aus dem Bordbuch ist möglich. Es wird die geografische Position bestätigt, aus welcher die Verstreuung erfolgte.'

Wozu wird diese Bestätigung gebraucht? Vielleicht als Nachweis bei irgendeiner wichtigen oder unwichtigen Behörde? Anders als bei dem Verbringen der Urne in der Erde auf einem Friedhof wird wohl niemand im nach hinein die Stelle des Auftreffens der Asche des Toten auf die Wasseroberfläche bestimmen, auffinden und aufsuchen können. Ist die Asche des Toten den Elementen übergeben, so ist sie doch gleichzeitig für immer verloren.

Als Variante wird die Verstreuung über der Ostsee angeboten. 'Start und Landung sind auch von anderen Flugplätzen möglich.' Die billigste Art der Ascheverstreuung ohne Passagiere wird mit einem Preis von 115,00 Euro angeboten.

Rogér liest mit gleichem Interesse wie ich den Text. Ungläubig treffen sich unsere Blicke. Über meine Lippen kommt die Frage:

„Kann man da sicher sein, dass ein Flugzeug überhaupt aufsteigt und die Asche wirklich über dem Meer verstreut wird, wenn kein Passagier dabei ist?"

„Ich glaube nicht." So seine Antwort.

Wieder finden meine Gedanken eine Assoziation zu easyJet. Warum nur? Ein Preisvergleich drängt sich auf. Hier wird eine ein- oder zweimotorige Maschine eingesetzt und aus ihr wird auf einem Flugweg, der nicht mehr als 100 Kilometer beträgt, eine Hand voll Asche verstreut. Dafür werden mindestens 115,00 Euro verlangt.

EasyJet dagegen fliegt moderne Flugzeuge mit Düsentriebwerken und bietet einen Flug von mehr als zehnfacher Länge schon ab 2,99 Euro an.

Was ist das für eine Relation?

Ob in den 115,00 Euro Flughafengebühren enthalten sind, ist aus dem Pauschalpreis nicht ersichtlich.

Wäre eine solche Gebühr überhaupt berechtigt? Wahrscheinlich ja, denn die Asche ist in diesem Fall die Verkörperung einer fiktiven Person nur in einem anderen Aggregatzustand. Zur Klärung solcher defiziler Fragen ist eine Kontaktaufnahme zu dem Beerdigungsinstitut unumgänglich.

Ich will aber über dieses Problem nicht weiter philosophieren. Zumal nach dem Gesetz ein Toter menschlicher Körper nicht mehr als Mensch gilt, sondern als eine Sache zu behandeln ist. So ist das Gesetz eben.

Während ich an das Telefonat mit Günter am Morgen und die Nachricht von Katrins Ableben denke, weckt eine Urne im Schaufenster des Bestattungs-Diskounter mein Interesse. Eine Kugel hat als Oberfläche den Himmel der Nacht. In dunkelblauer Farbgebung mit Sternen und dem abnehmenden Mond als Symbol des vergänglichen Lebens.

Gedanklich abwesend, fällt mein Blick auf eine zweite Urne.
Sie ist als Weltkugel gestaltet. Auf ihr sind alle Kontinente dargestellt. Ich suche Grönland.
Warum? Die letzte große Schiffsreise führte Günter und Katrin nach Grönland. Davon haben sie geschwärmt. Das wäre die passende Urne für die Asche von Katrin.

Am Abend sitze ich wieder am Computer, um erneut zu versuchen, die Flüge mit easyJet nach England zu buchen. Die günstigen Angebote für 2,99 Euro stehen nicht mehr zur Verfügung. Das billigste Ticket ist jetzt für 10,99 Euro nach Newcastle zu haben. Natürlich kommen dazu noch die Gebühren.
Wir haben uns jetzt entschieden und wollen im September fliegen. Alle Eingaben sind getätigt.
Die Bezahlung soll mit meiner Kreditkarte erfolgen.
Genauso wie in der Maske der Fluggesellschaft beschrieben gehe ich vor. Gebe wieder alle geforderten Daten ein, doch nachdem Kontonummer und Bankverbindung abgefordert sind, gibt mir der Computer zu verstehen, die Buchung ist nicht möglich.

Es ist offenbar das gleiche Problem aufgetreten wie an dem Tage, als ich es zum ersten Mal versuchte. Weitere Versuche führen zum gleichen Ergebnis. Es gelingt mir nicht die Buchung mit Erfolg abzuschließen.
Während ich am Computer arbeite gehen mir andere Gedanken durch den Kopf. An Missverständnisse, Doppeldeutigkeiten und Fehldeutungen muss ich denken.

Hinter mir steht das Radio. Die Musik wird unterbrochen. Neben der obligatorischen Werbung, die bei manchen Sendern dem Anschein nach das Hauptprogramm darstellt, gibt es Informationen und Hinweise. Die, wenn sie richtig formuliert sind, recht wertvoll sein können.
Soeben kam ein Hinweis der mich nachdenklich stimmt. Die Sprecherin sagte: „Ich habe noch eine wichtige Information für S-Bahn-Fahrer.
Zwischen Schöneweide und Berlin-Schönefeld besteht heute und morgen kein S-Bahn-Verkehr. Die Fahrgäste müssen in Schöneweide auf Busse umsteigen."

Warum spricht sie von einer Information für S-Bahn-Fahrer?
Ich hätte gedacht, die S-Bahn-Fahrer werden von Mitarbeitern in ihrem Unternehmen davon informiert, dass die S-Bahn-Fahrer heute und morgen keine S-Bahn-Züge auf dieser Strecke führen werden.

Oder sind hier vielleicht die Benutzer oder Fahrgäste der S-Bahn gemeint, die in der Information fälschlicherweise als S-Bahn-Fahrer bezeichnet werden. Ich glaube nämlich nicht, dass die Verantwortlichen in den Verkehrsbetrieben die Benutzer oder Fahrgäste als ungeschultes Personal und hier als S-Bahn-Fahrer einsetzen wollen.

Ein weiteres Problem aus der Meldung ergibt sich aus dem Satz, der da lautete: „Die Fahrgäste müssen in Schöneweide auf Busse umsteigen."
Seit wann müssen Fahrgäste „auf" Busse umsteigen? Hier ist doch sicherlich gemeint, dass die Fahrgäste zur Weiterfahrt von Schöneweide nach Berlin-Schönefeld bereitstehende Busse benutzen sollen. Welche Fehldeutung sich doch manchmal durch ein einzelnes Wort ergeben kann?

Für heute gebe ich auf.
Die Buchung wird erneut zurückgestellt.
Ein anderes Problem liegt mir noch am Herzen. Das möchte ich auch lösen.
Seit langem hege ich den Wunsch, wieder einmal nach Estland zu fliegen. In die Hauptstadt dieses kleinen Landes der baltischen Republiken möchte ich. An dieses Land, insbesondere an Tallinn, habe ich gute Erinnerungen. Vielleicht lassen die sich auffrischen.
Gibt es noch das schöne Hotel mit dem gleichnamigen Namen wie die Hauptstadt? Liegt die alte Kogge noch am Meer, die zu einem idyllischen Restaurant umgebaut wurde? Agieren noch zwei Männer, die als Piraten gekleidet, vor der schwankenden Eingangstreppe zur Kogge standen?
Gibt es noch das große klimatisierte Glashaus, in dem jeder bei kostenfreiem Eintritt, wie in einer Oase, in einem botanischen Garten, unter Bananenbäumen bei Kaffee und Kuchen den Tag genießen konnte?
Vor mehr als dreißig Jahren war ich schon einmal dienstlich dort. Mit Klaus, einem ehemaligen Arbeitskollegen. Es war Winter und wir haben jeden Tag Glühwein getrunken. Der durchwärmte den ganzen Körper und war noch dazu sehr schmackhaft.

Mir fällt es nicht schwer, Rogér davon zu überzeugen, eine Radtour durch die drei baltischen Länder zu unternehmen.
Wenn wir schon im Baltikum sind, dann soll uns die Tour auch noch nach Weißrussland mit der Hauptstadt Minsk führen. Schließlich hat Minsk auch eine Untergrundbahn, die wollen wir sehen.
Deshalb durchsuche ich die aufgerufene Internetadresse von easyJet nach Möglichkeiten.
Wir denken daran diese Reise vielleicht im August anzugehen. Zu der Zeit wird dort schönes Wetter sein. Evelyn soll auch mitkommen. Nicht mit dem Fahrrad, nein, nur auf dem Trip nach Tallinn. Mit ihr werden wir durch die Altstadt spazieren und Sehenswürdigkeiten aufsuchen.
Eine Woche planen wir für Tallinn. Von dort natürlich einen Ausflug mit dem Schiff nach Finnland.
Helsinki wollen wir besuchen. Denn auch die Hauptstadt des Landes der tausend Seen hat eine Untergrundbahn. Auch die wollen wir mit Daten und Bildern in unserem Buch über die Metros der Welt berücksichtigen und darstellen.

Anhand der günstigsten Angebote und Preise bei easyJet bestimmen wir den Reisetermin.
Die Daten der Flüge nach Tallinn und Newcastle notiere ich mir auf einem Zettel.

Am nächsten Tag wollen wir zum Flughafen Berlin-Schönefeld. Dies in der Annahme, dass easyJet dort einen Serviceschalter hat, an dem ich die Tickets buchen kann.
Eine Fahrt mit dem Auto ist nicht sinnvoll. Denn nur gegen eine nicht unerhebliche Parkplatzgebühr ist ein zeitweiliges Abstellen des Fahrzeuges über mehr als zwanzig Minuten, die gebührenfrei wären, möglich.
Natürlich ist die Buchung einschließlich des Ablaufens der Hin- und Rückwege zwischen dem Abstellplatz des Fahrzeuges und dem Schalter der Fluggesellschaft mit mehr Zeitaufwand verbunden. Zumal die Abfertigungshalle in zwei Etagen relativ groß und nicht leicht zu überblicken ist. Hinzu kommt, dass ich mich sicherlich erst am Informationsschalter des Flughafens nach der Fluggesellschaft erkundigen muss.
Niemand kann vorhersehen, ob die notwendigen Informationen sofort oder erst nach einer mehr oder weniger langen Wartezeit erfragt werden können.
Deshalb entscheiden wir uns für das Fahrrad. Auch weil die Strecke bis zum Flughafen kaum mehr als fünfzehn Kilometer misst.
Für dieses Gefährt ist kein Parkplatz erforderlich.
Es wird auch keine Parkplatzgebühr fällig. Außerdem ist Fahrrad fahren mit Bewegung verbunden und dient der körperlichen Ertüchtigung. Stärkt das Herz und die Muskulatur. Dehnt die Lungenflügel, fördert die Gesundheit und baut die Fettpölsterchen ab.

Am Flughafen erfahren wir, der Betreiber hat der Fluggesellschaft des Billigfliegers easyJet einen ganzen Gebäudetrakt zur Abwicklung ihrer Geschäfte zur Verfügung gestellt.
Eine Buchung ist am Serviceschalter von easyJet möglich.
Die Frau am Schalter fragt: „Haben Sie keinen Computer?"
„Doch, doch."
„Warum buchen Sie dann nicht über das Internet?"
Mühsam erläutere ich ihr, wie oft ich dies' schon probierte und welche Probleme aufgetreten sind.
Auf die Frage; „mit welchem Anbieter arbeiten Sie?"
Gab ich zu verstehen, „mit AOL."
„Dann ist mir das klar. Mehrere Kunden haben mir schon das gleiche erzählt. Da bleibt Ihnen ja wohl nichts weiter übrig als die Buchung hier zu erledigen."
Nach weiterem Wortwechsel erklärt sie, „die Buchung hier am Schalter ist aber teurer als über das Internet."
Sie nennt die zusätzliche Buchungsgebühr.

Allein diese übersteigt den Preis des Fluges. Vorausgesetzt natürlich der Preis bliebe bei 2,99 Euro. Ungeachtet dessen erhöht sich der finanzielle Aufwand um eine zusätzliche Position.

Im weiteren Gespräch wird klar, ein Flugticket für 2,99 Euro gibt es nicht. Wir schließen dennoch den Kontrakt und sind nun im Besitz der Flugtickets von Berlin nach Newcasle und zurück.

Der Preis beträgt für eine Person 7,66 Euro. Für zwei weitere Personen je 22,45 Euro. Hinzu kommen für jeden 19,00 Euro, die als Flughafen- und Sicherheitsgebühren deklariert sind.

Der Preis für den Rückflug beträgt einheitlich für jeden von uns 12,99 Euro. Dazu kommen wieder Flughafen- und Sicherheitsgebühren in Höhe von 19,00 Euro.

Als Hinweis erfahren wir, dass der Erwerb dieser Flugscheine dazu berechtigt, ein Fahrzeug der Firma *Europcar* mit einem Rabatt von bis zu zwanzig Prozent anzumieten.

Bild 5

Angebot von
easyJet
nach Erwerb
desFlugtickets
zur Buchung
eines Fahrzeuges
bei Europcar mit
bis zu 20 % Rabatt

Spontan gehen wir in die Baracke, in der die Autovermieter ihren Geschäften nachkommen und Pkws vermieten.

Auch die Firma, die wir suchen, hat dort einen Vertreter. Eine Dame sitzt am Schalter.

Wir tragen unsere Absicht vor, ein Fahrzeug in der im Flugschein vermerkten Zeit anzumieten und wollen wissen, ob wir gemäß der Information von easyJet den entsprechenden Rabatt bei Anmietung des Fahrzeugs bekommen.

Das Auto möchten wir am Flughafen in Newcastle, England abholen.

So beginnt auch das Fragespiel:

„Wo wollen Sie das Fahrzeug übernehmen?"

„Am Flughafen in Newcastle, England."
Sie antwortet: „Ich kann dazu keine Auskunft geben."
Dann stellt sie eine Telefonverbindung mit ihrer Zentrale her. Und drückt mir den Hörer mit dem Hinweis in die Hand, „mein Kollege kann Ihnen die gewünschte Auskunft geben."

Seine erste Frage lautet: „Was für ein Fahrzeug wünschen Sie?"
„Dazu würde ich gerne wissen welche Fahrzeugtypen verfügbar sind!"
Er nennt drei Kategorien mit unterschiedlichem Hubraum.
Ich antworte: „Mir reicht die Ökonomieklasse. Jedoch sollte das Fahrzeug viertürig sein und einen ausreichenden Kofferraum für drei Reisetaschen besitzen."
Er schlägt mir einen Fahrzeugtyp vor.
„Was kostet dieses Fahrzeug für sieben Tage?"
„Einen Augenblick bitte."
Er scheint nachzurechnen und nennt mir dann den Preis.
„Da Sie den Flug bei easyJet gebucht haben kostet das Fahrzeug für sieben Tage 183,00 Euro."
„Was ist mit dem Rabatt von 20 %?" frage ich nach.
„Der ist schon berücksichtigt."
„Sind in diesem Preis Steuern und Versicherung enthalten?"
„Ja, die Steuern sind enthalten und auch die Vollkasko."
„Kommt zu diesem Preis noch irgendetwas dazu?" will ich wissen.
„Was meinen Sie?"
„Benzin, Kilometergeld, usw.?"
„Kilometer sind unbegrenzt im Preis enthalten. Das Fahrzeug bekommen Sie mit vollem Tank und es ist genauso wieder abzugeben. Weitere Kosten entstehen nicht."
Ich bedanke mich für die Auskunft.
„Wollen Sie es buchen?" kommt die Frage durch den Hörer.
„Nein danke, ich werde mir das noch überlegen. Bis zum Abflug haben wir ja noch mehr als drei Monate Zeit. Ich wollte nur erst einmal wissen, was das Auto ungefähr kosten wird."
Damit ist das Gespräch beendet.

Da hier noch weitere sechs Autovermieter ihre Leistungen anbieten und wahrscheinlich an einem Geschäft interessiert sein dürften gehen wir zum gegenüberliegenden Schalter.

Ein Gang von höchstens zwei Meter trennt die Brüstungen des nächsten Vermieters von *Europcar*.

Auch hier sitzt eine junge Frau hinter einem Computer. Sie hat natürlich aufmerksam unser Gespräch verfolgt, denn weitere Kunden gibt es in der Baracke nicht. Doch als ich mich zu ihr wende, versteckt sie sich beflissentlich hinter dem Gerät und täuscht emsigen Arbeitseifer vor. Ich wage es kaum sie zu stören. Nachdem ich zurückhaltend geduldig warte, lässt sie irgendwann die Finger von der Tastatur, um sich mir dann doch zuzuwenden.

„Kann ich für Sie etwas tun?"
Dann trage ich meine Bitte vor:
„Wir beabsichtigen nach Newcastle zu fliegen und benötigen dort einen Pkw für sieben Tage."

Der Termin wird abgestimmt. Um richtig vergleichen zu können, sollte es der gleiche Wagen sein, wie der, der mir bei *Europcar* angeboten wurde. Die Daten werden in den Computer eingegeben. Auch hier wäre das gewünschte Fahrzeug zu diesem Zeitraum verfügbar. Der Mietpreis liegt dreiundvierzig Euro über dem bei *Europcar*.

Ich frage nach einem möglichen Rabatt.
„Wenn Sie Ihren Flug bei *Air Berlin* gebucht haben, dann können Sie einen Preisnachlass bis zu 20 % erhalten", gibt mir die junge Frau zur Antwort.

Nein, bei *Air Berlin* habe ich nicht gebucht.
Die Buchungsbestätigung von easyJet reiche ich ihr zur Kenntnisnahme. Nichtsachtend schiebt sie meine Unterlagen mit der Bemerkung von sich:
„Ich sagte *Air Berlin*."

Damit steht mir kein Rabatt zu. Auch verhandeln ist nicht möglich. Da sie unser Gespräch bei *Europcar* belauschte, weist die Frau jede Nachfrage von mir brüskiert zurück.

Danach versuche ich es bei einem dritten Fahrzeugvermieter in diesem Trakt. Auch dies führt zu einem ähnlichen Eklat.

Für mich von Interesse ist nur das Ergebnis. Als Fazit nehme ich zur Kenntnis:
Jede Fluggesellschaft der Billigflieger hat offenbar einen Vertrag mit einem der Autovermieter, um sich gegenseitig Kunden zuzuschieben. Das ist nur eine Vermutung von mir, die ich für mich behalte. Zumal es nach dem Gesetz in Deutschland keine Koppelgeschäfte geben darf.

Unsern Fahrradausflug zum Flughafen buche ich als Erfolg. Denn endlich haben wir die Tickets nach England. Auch die Flüge nach Tallinn konnte ich buchen. Natürlich waren diese auch nicht für 2,99 Euro pro Person zu haben, wie sie in der Werbung angekündigt wurden. Aber der Mitnahme von Fahrrädern steht nichts im Wege. Für einen Preis von 15,00 Euro wird jedes Fahrrad befördert. Als Bedingung erfahren wir:
„Der Transport erfolgt nur im verpackten Zustand."

*

Die Zeit verstreicht. Es ist August und wir bereiten unsere Reise nach Estland vor.

Zum Fahrradhändler müssen wir noch. Zwei neue Schläuche werden gebraucht. Schließlich ist auf einer solchen Tour immer mit Reifenschäden zu rechnen.

Gronni, so heißt der Fahrradmechaniker.

Als ich vor einiger Zeit bei ihm war, hatten wir uns über unsere Fahrradtouren unterhalten. So wie wir, fährt auch er einmal im Jahr mit ehemaligen Sportkameraden an mehreren aufeinander folgenden Tagen, in verschiedenen Gegenden, in verschiedenen Ländern.

Er berichtete von seinen Touren nach Frankreich und Italien. Ich von Österreich, dem Großglockner, unserer alljährlichen Moseltour, die uns immer zum Saisonausklang von Koblenz über Trier nach Thionville in Frankreich, über Luxembourg und zurück nach Koblenz führt.

Zum Transport seines Fahrrades mit dem Flugzeug benutzt er immer eine Fahrradtasche.

„Wenn ihr nach Estland fliegt, dann könnt ihr von mir zwei Taschen bekommen."

Das war gut gemeint, aber für unser Vorhaben untauglich.

Ich gab zu verstehen:

„Wir können diese Taschen auf unserer Fahrt nicht mit transportieren und kommen auch nicht zum Ausgangspunkt unserer Reise nach Tallinn zurück, wo sie eventuell aufbewahrt werden könnten, damit wir sie dann wieder mitbringen."

„Es gibt noch eine andere Möglichkeit", meint Gronni.

Gerade hatte er eine Lieferung neuer Räder aus Spanien erhalten. Die sind in Pappkartons gut verpackt.

„Wollt Ihr die Kartons haben?"

„Musst Du die nicht zurückgeben?"

„Nein. Ich würde sie zerlegen und müsste sie entsorgen. Wenn Ihr die zwei haben wollt, dann könnt Ihr sie mitnehmen und ich spare mir die Arbeit."

Besser kann es nicht sein.

Die Kartons haben die Größe von Fahrrädern. Wir brauchen nicht viel zu demontieren und am Zielort zu montieren. Nur der Sattel ist abzubauen und der Lenker um neunzig Grad zu verdrehen. Das ist eine gut Variante.

Dieses Angebot nehmen wir dankend an.

In jeden Karton passt eines unserer Rennräder.

„Ihr könnt sie gleich mitnehmen."

Da wir zu Fuß bei ihm sind und ich nicht mit einem so großen Karton durch die Straßen ziehen möchte, bitte ich ihn um Aufbewahrung.

„Wir kommen nachher mit dem Auto vorbei und holen sie ab."

„Lasst Euch nicht so viel Zeit. Die Dinger stehen mir hier im Laden nur im Weg. Ich habe keinen Abstellraum, in dem ich sie aufbewahren kann", gibt er uns zu verstehen.

Wir nehmen den Golf von Rogér. Der hat einen großen Kofferraum. Die Lehne der hinteren Sitzbank lässt sich herunterklappen. Die Tür zum Laderaum besitzt eine große Öffnungsbreite. Damit werden wir die Ladung schon nach Hause bringen.

Beide Kartons lassen sich einschieben. Nur die Klappe vom Fahrzeug geht nicht zu.

„Macht nichts", sagt Rogér.

„Wir befestigen ein rotes Tuch an die überhängende Ladung und sichern die Kofferraumtür."

*

Am Abend vor dem Abflug nach Tallinn bestelle ich ein Großraum-Taxi. Nur so können wir die Räder am einfachsten zum Flughafen bringen. Interessant ist, dieses Taxi befördert Fahrgäste und das sperrige Gut zum gleichen Preis wie normale Taxis, die nur für die Personenbeförderung bestimmt sind.

Das Einchecken am Counter ist problemlos. Der Computer führt den Passagier systematisch und leicht verständlich durch das Programm. Sogar den Beleg für das Gepäck, der vom Passagier selbst anzubringen ist, wirft er aus.

Die Kartons mit den Rennrädern werden an einem separaten Schalter als Sperrgut aufgegeben.

Der Angestellte der Fluggesellschaft bittet mich zum Kontrollgerät zu kommen. Wir beobachten gemeinsam, wie der Automat die Kisten mit dem Inhalt durchleuchtet. Problemlos, ohne jede Beanstandung durchfährt das Gepäck das Kontrollgerät.

Durch mit Leinen gespannte Zwangsführungen werden die Fluggäste in einen Seiteneingang geleitet.

Sicherheitsbeamte verlangen von mir das Handgepäck in eine bereitgestellte Schale zu legen. Meine Jacke auszuziehen, sie ebenfalls in eine zweite Schale zu legen. Danach werde ich aufgefordert meine Hosentaschen zu leeren, die Uhr abzunehmen und alles in eine kleinere Schale einzubringen.

Während meine Utensilien durchleuchtet werden, laufe ich durch eine Magnetschleuse, die beim Eintritt bereits ein Tonsignal abgibt.

Ein Sicherheitsbeamter empfängt mich mit einem Kontrollgerät und fordert mich auf die Beine zu spreizen und die Arme vom Körper abzuwinkeln.

Während er das Gerät an meinem Körper entlangführt, gibt es unterschiedliche Töne in verschiedenen Lautstärken von sich.

Ich werde von zwei Beamten zur Seite geführt, muss den Gürtel und die Hose öffnen.

Am Körper werde ich abgetastet.

Da nichts Verdächtiges zu finden ist, fordern sie mich auf, die Schuhe auszuziehen.

Das Kontrollgerät wird unter Abgabe verschiedener Signaltöne erneut an meinem Körper entlang geführt. Der zweite Sicherheitsbeamte untersucht gewissenhaft meine Schuhe. Ich kann beobachten, wie er versucht den Absatz durch Drehbewegungen zu lösen. Es gelingt ihm nicht.

Danach werden die Schuhe von innen untersucht. Da sie relativ neu sind ist die Einlage noch weich und elastisch. Sie gibt auf Druck nach und federt bei Entlastung zurück.

Irgendetwas scheint an den Schuhen verdächtig zu sein. Der eine Sicherheitsbeamte nimmt sie an sich, legt sie in eine Schale und lässt sie durch das Kontrollgerät fahren.

Am Bildschirm können sie erkennen, dass keine Manipulation am Schuhwerk festzustellen ist.

Mir werden die Schuhe zurückgegeben. Ich soll sie anziehen. Meine Hose kann ich wieder schließen.

Erneut werde ich aufgefordert, durch die Magnetschleuse zu gehen.

Während ich das absolviere, gibt das Gerät die gleichen Signale wie zuvor von sich.

Die Beamten nehmen mich wieder zur Seite, tasten mich erneut ab, können jedoch nichts Verdächtiges finden.

Evelyn, Rogér und die anderen Passagiere werden nach mir durch die Kontrollanlage geführt. Nirgends gibt es Beanstandungen.

Zu einer kurzen Befragung werde ich von den Fluggästen separiert.

Da nichts Außergewöhnliches festzustellen ist, fordert man mich zum weitergehen auf.

Ich will mein Handgepäck vom Laufband nehmen.

Nachdem ich den Inhalt meiner Hosentaschen wieder verstaut habe, bittet mich ein Sicherheitsbeamter, der meine Sachen während der Visitation unter Kontrolle behielt, meinen Rucksack zu öffnen.

Von besonderem Interesse schien der Regenschirm zu sein. Ich muss die Hülle entfernen und ihn aufspannen. Der Beamte untersucht gewissenhaft die Konstruktion des Schirms. Nichts Außergewöhnliches ist festzustellen.

Beim Aufnehmen der Hülle kippt er sie und es fällt ein Kugelschreiber heraus.
Dieser besteht nicht wie üblich aus Kunststoff sondern aus Metall. Ich soll ihn zerlegen. Mit scharfen Augen werden meine Finger während der Prozedur fixiert. Doch nichts Besonderes ist festzustellen, deshalb darf ich ihn wieder zusammenbauen.

Damit ist offenbar das Problem geklärt und das Verwirrspiel hat ein Ende. Ich kann alles wieder zusammenlegen und einpacken.

Meine beiden Mitreisenden empfangen mich in der nächsten Etage, da sie im unteren Kontrollbereich nicht warten durften.

Diesen Vorgang will ich nicht als Schikane bezeichnen. Er stimmt mich nur nachdenklich. Und erinnert mich an viele Erlebnisse gleicher oder ähnlicher Art, die mir schon widerfahren sind.

Viele Leute erzählten ähnliche Geschichten über die Kontrollen an der ehemaligen innerdeutschen Grenze. Ich habe aber niemanden getroffen, der dies aus eigener Erfahrung wiedergeben konnte.
Das Gegenteil ist der Fall. Wenn ich ihn gefragt habe, „hast Du das selbst erlebt," wurde mir immer nur mit „nein" geantwortet.
Im gleichen Atemzug berichtete er dann von jemanden den er kenne, der ihm das erzählt habe. Und wenn ich ihm dann entgegnete: „Hast Du denjenigen gefragt, ob er es selbst erlebt hatte?" Kam stets eine ausflüchtige Bemerkung. Ein Freund hätte es ihm erzählt. Oder in der Zeitung hat es gestanden, oder ähnliches.
Von einem persönlichen Erlebnis konnte plötzlich niemand mehr berichten. Auch ich bin gerade gegen Ende der Achtziger Jahre manchmal an drei bis vier Tagen in der Woche zwischen Ost- und West-Berlin gependelt, aber solche schikanöse Behandlung ist mir an diesen Grenzen nie Widerfahren.
Dafür gab es andere Dinge, die ich in dem besagten Grenzbereich persönlich erlebt habe. Die wiederum die Berichterstattung in der West-Berliner Presse völlig auf den Kopf stellte, über die aber niemand sprach.

Am häufigsten benutzte ich den Grenzübergang Friedrichstraße. Schon deshalb, weil hier die S- und U-Bahnen sich kreuzten. So konnte ich nach Passieren der Grenzkontrolle beliebig in jede Richtung weiterfahren. Das war nur an diesem Grenzkontrollpunkt möglich.

Ich erinnere mich an folgenden Vorfall: Am Bahnhof Zoologischer Garten bestieg ich den S-Bahn-Zug in Richtung Friedrichstraße. Da es schon recht spät war, ich glaube so gegen 23 Uhr, fuhren mit mir nur noch sehr wenige Leute in die gleiche Richtung. Wer wollte schon zu so später Stunde noch nach Ost-Berlin?
Als letzte Station in Westberlin wurde der Lehrter Bahnhof passiert.

Zwei Fahrgäste, die zuvor mit mir das Abteil zwischen den beiden ersten Türen des dritten Wagens teilten, stiegen am Lehrter Bahnhof aus. Somit war ich der letzte Fahrgast, der in Richtung Grenzübergang diesen Wagen nutzte. Ich saß in Fahrtrichtung auf der rechten Seite. Von hier aus konnte ich in den Tiergarten und dann über die Spree nach West-Berlin schauen. Diese Seite wählte ich bewusst, wenn ich nach Hause fuhr.

Stets befiel mich etwas Wehmut als würde ich mich für lange Zeit von West-Berlin verabschieden. Niemand wusste, ob eine solche Fahrt am folgenden Tag noch möglich sei.

Der Zug kam in die Nähe des Reichstags.
Wie immer sah ich aus dem Fenster. Unter mir die Grenzbefestigungen, die Mauer, der Todesstreifen, ein Wachturm. Zwei Grenzer patrouillierten im Schutze der Mauer stets die Hand am Abzugshebel ihres vor dem Bauch hängenden Maschinengewehrs.

Ein kurzes Aufblitzen sah ich auf der anderen Uferseite der Spree, dem Territorium das zu West-Berlin gehörte. Fast im gleichen Moment schlug ein Geschoss in die Fensterscheibe ein, hinter der ich saß. Es hinterließ in der Scheibe ein Loch von weniger als zwei Zentimeter Durchmesser. Um das Loch war das Glas im Durchmesser von etwa sechs bis acht Zentimeter eingerissen und gesplittert. Ansonsten blieb die Scheibe unversehrt.

Der Schreck steckte mir in den Gliedern. Schließlich durchschlug die Kugel die Fensterscheibe nur eine Hand breit über meinem Kopf.

Der Zug setzte seine Fahrt fort als wäre nichts geschehen.
Außer mir konnte niemand diesen Vorfall bemerken.
Ich sah zur anderen Seite des Wageninneren. Dabei stellte ich fest, dass die Kugel oberhalb des Fensterrahmens in der Verkleidung der Wagenkonstruktion steckte.
Instinktiv zog ich mein Taschenmesser aus der Hosentasche. Klappte es auf. Da der Zug kurz vor dem Bahnhof auf freier Strecke anhielt, blieb mir genügend Zeit das Geschoss aus seiner Einschlagstelle zu entfernen.
Als Andenken an diese mysteriöse Fahrt, die mich fast mein Leben kostete, behielt ich es.
Lange bewahrte ich das todbringende Requisit auf.
Den Patronenkopf habe ich mehrere Jahre als etwas makaberes Souvenir in meiner Brieftasche getragen. Erst nach einer Leibesvisitation, der ich mich auf dem Flughafen von Los Angeles unterziehen musste, weil das Kontrollgerät der Sicherheitsbeamten immer wieder anschlug, durchsuchten sie mich und alle meine Utensilien. Im Endergebnis, wurde mir mein Souvenir abgenommen.

Eine andere spektakuläre Begegnung mit Sicherheitskräften erlebte ich

auf dem Flughafen von Fort Worth in Texas.
Nachdem ich einige Zeit in Dallas verbrachte bekam ich von meiner schönen Gastgeberin Christina als Abschiedsgeschenk ein Kunstobjekt, das sie extra für mich in einer Galerie erstanden hatte.
Eine etwa ein Kilogramm schwere Ente aus Blei, die mit einer besonderen Farbgebung versehen war. In meinem Handgepäck, im Rucksack, fand sie ihren Platz für die Heimreise.

Dieses Objekt löste bei der Handgepäckkontrolle einen derartigen Alarm aus, dass mich zwei Beamte zur Seite rissen, gewaltsam mit dem Gesicht gegen einen Pfeiler pressten, mit ihren schweren Stiefeln meine Beine spreizten und die Arme um den Betonpfeiler drückten.
Im Augenwinkel konnte ich sehen, wie sich weitere drei oder vier Sicherheitsleute in relativ geringem Abstand zu uns postierten.

Da mir die übertriebene Angst der Amerikaner bekannt war, versuchte ich gleich mit Worten die Schärfe aus der Situation zu nehmen und rief:
„No bomb, no bomb."

Die zwei Beamten, die mich gegen den Pfeiler drückten, lösten die Zwangshaltung vorsichtig und führten mich mit festem Griff an beiden Armen haltend zum Kontrollgerät. Dort sah ich ein aggressives Leuchten und Blitzen beim Vor- und Zurückfahren des Laufbandes.
Mit energischem Ton versuchten sie aus mir herauszupressen, was das für ein Ding dort sei. Offenbar konnten sie es nur aus einer Ebene betrachten. Das Objekt, das sie sahen, erschien in der Wiedergabe oval und gab nicht zu erkennen, was es eigentlich war.

Die Aufregung wollte sich nicht legen.
Keiner wagte sich an das heikle Objekt heran. Ist es explosiv? Stellt es eine Gefahr dar? Wie groß ist die Gefahr?
In ratlose, ängstliche Augen und zornige Gesichter blickte ich.
Ein Uniformierter verstand meine Sprache. Er dolmetschte meine Worte, in denen ich ihnen zu verstehen gab, das es sich um ein Kunstobjekt handele.
Skeptisch wurde ich betrachtet.
Ein Offizier kam hinzu und wies die beiden Männern an, welche mir die Arme verdrehten, ihre Griffe zu lösen.
Mir schmerzten die Gelenke.
Ich sollte vorsichtig den Rucksack öffnen.
Als die bunte Ente zum Vorschein kam brachen alle Umstehenden in schallendes Gelächter aus.

Das imitierte Wag, Wag, gleich den Lauten einer Ente, aus den Kehlen der Beamten kommt mir noch heute des Öfteren in den Sinn.

Auf dem Flughafen von Fort Worth war damit das Problem gelöst.

In New York unterbrach ich meinen Rückflug nach Europa für zwei Tage.

Beim Einchecken und dem beabsichtigten passieren der Einlasskontrolle auf dem Flughafen J.F. Kennedy wiederholte sich das gleiche wie ich es in Texas erlebte.

Nur weil es einige wenige Menschen auf dieser Erde gibt, die Angst und Schrecken verbreiten, verfällt der Großteil der Menschheit in Hysterie.
Selbst auf Straßen und Plätzen, vor Gebäuden, Bahnhöfen und anderswo, vor allem in den Großstädten, ist die Atmosphäre stets prickelnd und oft spannungsgeladen.

Folgendes trug sich in Paris zu.
Vor dem Palast Pompidou stand ich in einer Reihe Wartender, die auf Einlass in dieses Gebäude hofften.
Zu der Zeit zierte ein schwarzer Vollbart mein Gesicht.
Die Gruppe rückte langsam voran.

Je näher ich dem Eingang kam, umso argwöhnischer beobachteten mich Sicherheitsbeamte, die vor dem Palast postiert standen. Als nur noch wenige Leute vor mir die Reihe füllten, gaben die Sicherheitsleute ihren Platz vor dem Eingang auf, näherten sich mir und deuteten mir an, aus der Reihe zu treten. Meinen Rucksack, der locker über der rechten Schulter hing, sollte ich herunter nehmen und den Inhalt präsentieren. Da ich ihre Worte und Gesten nicht gleich verstand, wurde mir selbiger von der Schulter gezogen, geöffnet und durchwühlt.

Im Beisein der anderen Wartenden wurde ich am Körper abgetastet. Alle Umstehenden fixierten mich, als habe man hier einen Schwerverbrecher auf frischer Tat erwischt. Einige blickten verstohlen, teilweise ängstlich. Anderen war die Schadenfreude anzusehen. Und wieder andere tuschelten miteinander. Da aber nichts Auffälliges festzustellen war, konnte ich kurz darauf den Eingang passieren. Nach der Kontrolle hinderte mich niemand an freier Bewegung im Gebäude. Dennoch entgegnete mir Misstrauen.

Auch vor dem Kaufhaus La Fayette und dem neuen Bauch von Paris Les Halles bekam ich Probleme. Am letzten wurde ich aus der Menschenmasse herausgezogen, die in die Eingangstür der unteren Etage drängte.
Von zwei Sicherheitsbeamten wurde ich mit dem Gesicht an die Wand gedrückt. Die beiden abzuwehren schien zwecklos. So fügte ich mich der Prozedur. Es war ja nicht das erste mal, dass mir ein solches Missgeschick passierte.
Nur ist es unangenehm, wenn man sich in Begleitung einer jungen Dame befindet, die man zuvor gerade kennen lernte. Mit der die ersten Versuche der Annäherung offenbar positiv verliefen. Deren Zuneigung zu spüren ich mich sicher zu fühlen glaubte.

Diese Keime, die nun zu sprießen begannen, wurden plötzlich und unvermittelt im Wachstum gestört. Es war als würde dieses junge Pflänzchen mit einem Unkrautvernichtungsmittel begossen und so brutal in seiner Entwicklung gehindert, ja sogar abgetötet.

Während einer der Sicherheitskräfte mir seinen Stiefel zwischen die Schuhe presste und so meine Füße auseinanderzudividieren versuchte, wandte ich den Kopf zur Seite, schaute verstohlen über die Schulter und sah wie sich Helene entsetzt entfernte.

Die übliche Leibesvisitation folgte. Der Rucksack wurde durchsucht.

Alles ohne Erfolg.

Ich konnte weiterziehen.

Doch Helene war weg.

Nie habe ich nach diesen menschenverachtenden Repressalien auch nur ein Wort der Entschuldigung gehört. Ich wurde aus den Fängen der Häscher und Schützer der Demokratie entlassen, wie ein Stück Vieh, das zurück in den Wald getrieben wird.

War ich vielleicht selbst Schuld daran? Habe ich mich doch immer wieder in solche Situationen gebracht. Schließlich hätte ich mich doch informieren können und wissen müssen, das diese Menschen mit einem Vollbart skeptisch betrachtet, nicht gern gesehen und geduldet werden.

Man muss die Masse der Menschen vor diesen Außenseitern der Gesellschaft einfach schützen.

Nicht umsonst wurden in den achtziger Jahren Männer mit Vollbart geächtet. Galten sie doch als aufsässig. Sie waren Extremisten, Rädelsführer, Aufrührer, wollten die Welt verändern.

Wer gar in der DDR einen Vollbart trug, galt als einer der sich nicht unterordnete, war selbstbewusst und trug seine Gesinnung offen zur Schau.

Seit August 1973 zierte der Bart mein Gesicht. Da ich in leitender Position tätig war, lagen mir plötzlich nicht nur Steine im Weg. Und weil ich keine politische Bindung einging, wurde ich später für viele meiner Studenten zum Idol, dem ein besonderes Vertrauen entgegen gebracht wird.

Die Position eines Außenseiters ist schwierig. Mancher geht daran kaputt. Mich stählte sie. Stärkte mein Selbstbewusstsein und formte den Charakter. So wurde ich zum Kämpfer für Gerechtigkeit.

Heute gilt dieses Symbol nicht mehr. Es ist verschwunden und verwässert. Die Zeiten haben sich geändert. Zu viele Männer tragen einen Vollbart.

*

Nachdem mich meine Reisegefährten in der ersten Etage des Flughafens Berlin-Schönefeld in Empfang nahmen, orientierten wir uns anhand einer

Anzeigetafel mit dem Ziel, unser weiteres Vorgehen zu organisieren.
Bis zum Abflug der Maschine blieb uns noch eine Stunde Zeit.
In dieser Etage gibt es mehrere Wartebereiche und ein Imbiss-Restaurant. Wir entschließen uns, hier noch etwas zu essen und zu trinken. Wer weiß, wann wir noch einmal eine solche Gelegenheit bekommen. Die Preise für Speisen und Getränke entsprechen dem üblichen Preisniveau.

Um in den Wartebereich für unsere Maschine zu gelangen müssen wir an anderer Stelle wieder die Treppe hinunter in das Erdgeschoss.
Durch relativ schmale verwinkelte Gänge erreichen wir eine Gruppe wartender Passagiere. Sie stehen vor einem Verschlag an dem zu beiden Seiten Beamte postiert sind. Die Gruppe spaltet sich in zwei Reihen. Einzeln dürfen sie an die Kontrolleure herantreten.
Hier werden die Pässe kontrolliert.

Danach gelangt man durch einen schlecht ausgeleuchteten Gang in den eigentlichen Wartebereich.
Als wir eintreten ist der Raum voller Menschen. Am Eingang wollen zwei Mitarbeiter von easyJet unsere Flugtickets sehen. Sie vergleichen die Namen mit denen auf einer Liste.

Der Raum ist in drei Wartezonen untergliedert. Jedem Passagier ist eine Nummer zugeordnet. Entsprechend dieser Nummer hat er sich in die Wartezone A, B oder C zu begeben.
Der gesamte Wartebereich besteht aus einem quadratischen Raum.
Die Stirnseite ist mit Seilen vor dem Betreten gesichert. Zwischen den Wartezonen sind ebenfalls Seile gespannt. Da die Zonen A und C jeweils durch eine Wand und zur dazwischenliegenden Zone B durch Seile begrenzt sind, befinden sich an den Wänden in A und C einige wenige Sitzgelegenheiten. In der Zone B gibt es solche nicht.
Diese spartanische Ausstattung ist ungewöhnlich.
Überall steht Handgepäck. Jüngere Leute sitzen auf dem Fußboden, die älteren stehen.
Der Raum ist vollgeferscht mit Leibern, Taschen und Rucksäcken. Meine Gedanken assoziieren mit einem Sammellager von Flüchtlingen oder Gefangenen, die auf ihren Abtransport warten. Situationen, wie sie aus oft aktuellen Fernsehberichten jedem bekannt sind.
Je länger der Aufenthalt in diesem Raum andauert um so unerträglicher wird die Situation.

Die Luft ist stickig und warm. Frischluft kommt erst in den Raum als sich die Tür zum Rollfeld des Flugplatzes öffnet.
Eine Maschine der Fluggesellschaft easyJet steht in etwa einhundert Metern entfernt.

Die Menschen sind ruhig und geduldig, fast apathisch.
Langsam werden die Wartezonen nacheinander geräumt. Da wir in die

Zone C eingegliedert wurden müssen wir am längsten die bedrückende Atmosphäre in der stickigen Luft ertragen.
Ich trete nach erneuter Kontrolle meiner Bordkarte durch die Tür ins Freie.
Für einen Moment der Besinnung und des tief durchatmen ist ein Verweilen sinnvoll.

In verschiedenen Abständen zwischen dem Ausgang und der Gangway haben sich Bedienstete des Flughafen oder der Fluggesellschaft postiert.
Wie ein Wurm bewegt sich die träge Menschenmasse der Passagiere schweigsam an ihnen vorbei.
Das Personal drängt zur Eile.

In mein Gehirn zwängt sich die Frage:
Warum lassen Menschen freiwillig eine solche diskriminierende Behandlung über sich ergehen? Ist es die Werbung mit dem niedrigen Preis, dessen fragwürdige Rechtmäßigkeit mich nachdenklich beschäftigt? Wird er zum Sog, in dessen Strudel hier alle der Wirkung erlagen? Oder der Geiz, der in uns wohnt, dem wir erliegen sobald er geweckt wird?

Gleich hinter dem Eingang in den Flugkörper stehen zwei Stewardessen sprachlos wie Marionetten.
Während in der Eingangszone von Flugzeugen anderer Fluggesellschaften aktuelle Zeitungen und Zeitschriften zur Selbstbedienung der Fluggäste ausliegen bzw. vom Flugpersonal den Passagieren freizügig zur Verfügung gestellt werden, ist das bei easyJet nicht der Fall.
Alles ist spartanisch, sparsam und einfach.

Wir biegen nach rechts in die Kabine. Die Maschine ist gut ausgelastet.
Nur wenige Passagiere legen noch ihre Kleidung und ihr Handgepäck in die dafür vorgesehenen Gepäckablagen.
Die meisten Klappen sind geschlossen.
Wir suchen nach zusammenliegenden freien Plätzen. Doch es gibt nur noch einzelne.
Nebeneinander finden wir keinen Platz mehr.

Bei easyJet ist eine Platzvorwahl beim Einchecken nicht möglich. Nur gegen Aufpreis besteht Reservierungsmöglichkeit. Und dieser Aufpreis ist oftmals höher als der eigentliche Flugpreis.
Während meine beiden Reisegefährten jeweils einen Platz neben dem Gang erwischen, finde ich einen freien Platz an einem Fenster.
Das Handgepäck muss noch verstaut werden. Deshalb öffne ich die Klappe des Stauraumes über der Sitzreihe zu meinem Sitzplatz. Der Stauraum ist prall gefüllt. Aber nicht mit Reisegepäck der Passagiere, sondern mit Utensilien des Flugpersonals.
Das gleiche Bild zeigt sich mir, nachdem ich die davor angeordnete Klappe des Stauraums öffne.
Ein dritter Stauraum ist bereits mit dem Mitbringsel anderer Fluggäste ge-

füllt.

Abrupt muss ich die Suche nach einer Ablagemöglichkeit einstellen, da bereits über die Lautsprecher eine Aufforderung zum Anschnallen erfolgt. Ich presse meine Jacke in die Lehne am Fenster und lege den Rucksack zwischen meine Füße unter den vor mir angebrachten Sitz.

Kaum habe ich den Hüftgurt angelegt, bewegt sich die Maschine vom Rollfeld zur Startbahn.

Während der Fahrt zur Startposition erklärt eine Flugbegleiterin in Gebärdensprache das Anlegen der Schwimmweste und weitere Details. Über den Monitor, der oberhalb der Sitzreihe vor mir installiert ist, lässt sich der Vorgang gleichfalls verfolgen.

Der Start der Maschine ist zeitgenau, entsprechend dem Flugplan.

In der Tasche der Rücklehne des Sitzes vor mir finde ich Informationsmaterial. Daraus ist zu entnehmen, dass die Fluggesellschaft über sehr gutes Fluggerät verfügt. Das Durchschnittsalter aller eingesetzten Maschinen liegt unter drei Jahre.

Während des Fluges werden Speisen und Getränke zum Kauf angeboten. Im Gespräch mit dem Begleitpersonal muss ich feststellen, dass, obwohl die Maschine von dem Flughafen Berlin-Schönefeld startet, dieses Personal der deutschen Sprache nicht mächtig ist. Und, zumal wir nach Tallinn fliegen ist auch eine Verständigung in estnisch oder russisch nicht möglich.

Ein ähnliches Erlebnis hatte ich nur drei Monate zuvor mit der Fluggesellschaft Futura.

Seinerzeit flog ich von Deutschland nach Italien und zurück. Auch hier war eine Verständigung weder in deutsch noch in italienisch möglich. Das Personal sprach nur spanisch. Zum Glück flog ich mit Rogér. Er konnte meine Wünsche, die ich hatte, an die Flugbegleiter übermitteln und dolmetschen.

Die Situation stimmte mich nachdenklich.

Offenbar ist es üblich, dass bei Billigfliegern das Flugpersonal nur über ungenügende oder gar keine Sprachkenntnisse verfügt. Wahrscheinlich ist ihre Entlohnung entsprechend.

Hoffentlich beherrschen Flugkapitän und Co-Pilot die internationale Sprache der Fliegerei!

Schließlich ist in Berlin schon einmal eine russische Maschine beim Landeanflug auf den Flughafen Berlin-Schönefeld in den Wald bei Waldsieversdorf gestürzt, weil der Pilot nur russisch sprach und demzufolge die Anweisungen des Fluglotsen aus dem Tower in englischer Sprache nicht verstand und diese dem zufolge Fehl deutete.

Ich musste damals am Folgetag mit einer Maschine gleichen Typs auf eine Dienstreise von Berlin nach Moskau gehen. Da mir bis dahin die

Ursache für den Absturz nicht bekannt war, ging ich mit gemischten Gefühlen auf diese Reise.

Wie wird das bei easyJet sein?
Nun sitze ich wieder in einer Maschine, die in Richtung Osten fliegt. Das Wetter ist gut. Wir sind bei Sonnenschein gestartet. Die Sicht ist ausgezeichnet. Die meisten Passagiere verpflegen sich mit dem mitgebrachten aus ihrem Handgepäck.

Wer den Bordservice nutzen will, der muss für eine Mahlzeit etwa den gleichen Preis bezahlen, den er für seinen Flugschein aufzuwenden hatte.
Der Flug bis Tallinn verläuft problemlos. Planmäßig landet die Maschine. Ruhig und diszipliniert verlassen die Passagiere das Flugzeug.
Infolge der Zeitverschiebung ist es hier bereits später Abend. Die Dunkelheit bricht herein.
Der Flughafen ist relativ klein und überschaubar.

Unsere Fahrräder sind als Sperrgut unversehrt mitgekommen. Selbst die Verpackung weist nicht die geringste Schramme oder Beule auf. Das setzt mich in Erstaunen. Von anderen Fluggesellschaften war ich eine solche Sorgfalt nicht gewöhnt. Insbesondere bei weitaus teureren Linienflügen haben wir unliebsame Erfahrungen gemacht. Beanstandungen führten oftmals zu kuriosen Ergebnissen.

Auf einem Flug nach Sankt Petersburg ging unser Koffer mit allen Kleidungsstücken verloren. Obwohl wir in Sankt Petersburg an der dafür autorisierten Stelle sofort eine schriftliche Suchmeldung aufgaben, blieb er verschollen.

Hinzu kam, dass uns trotz internationaler Abkommen keine finanzielle Soforthilfe, wie es die Vorschrift besagt, zur Verfügung gestellt wurde. So mussten wir den geplanten Urlaub mit Hindernissen bewältigen.

Zu der Zeit war ich in die Vorbereitung für den Erweiterungsbau des Flughafens Berlin-Schönefeld eingebunden. Damit hatte ich ständigen Kontakt zur obersten Leitungsebene dieses Unternehmens.

Nach unserer Rückkehr aus Sankt Petersburg kontaktierte ich den obersten Chef, der für den Bagage-Bereich zuständig war.
Wir durchsuchten gemeinsam den Computer, in dem alle weltweiten Aufzeichnungen der Verlustmeldungen verzeichnet und registriert werden. Im Ergebnis mussten wir feststellen, dass unser Gepäckstück als Verlustmeldung nie in das Suchprogramm eingegeben wurde. Dieser Tatbestand nährte den Verdacht, den er seit einiger Zeit hatte. Hier wird organisiert gestohlen.
Später habe ich erfahren, eine international tätige Bande konnte dingfest gemacht werden. Genugtuung für mich war, dass meine Beharrlichkeit

zum Aufspüren der Gruppe führte.

Ein anderes Mal kam ich aus den USA zurück. Auch diesmal wurde mein Gepäck nicht über das Schuppenband in den Bagage-Raum transportiert, in dem die Passagiere warteten und ihre Koffer und Taschen nach und nach von dem Transportband zogen. Nur mein Gepäck war wieder einmal nicht dabei.

Da ich von New York über Zürich nach Berlin kam, konnte die Dame an dem Schalter, an dem üblicherweise die Verlustmeldungen entgegengenommen werden, mein Anliegen nicht bearbeiten. Sie verwies mich an einen anderen Schalter mit dem Bemerken, ich müsse dort einige Zeit warten, sie sagt Bescheid, es würde jemand kommen, der sich dann um mich kümmere.

Etwa zehn Minuten vergingen, in denen ich allein auf diesem Gang vor dem Schalter stand, der mir zugewiesen wurde. Nichts passierte.
Dann plötzlich hörte ich Stimmen. Durch die gleiche Tür, durch die ich zuvor in den Bereich eintrat, kam eine große, blonde, schlanke junge Frau. Hinter ihr ein Mann. Beim Näher kommen erkannte ich sie. Es war Heike Drechsler in Begleitung ihres Trainers.
Auch ihr Gepäck erreichte den Zielflughafen nicht.

Wir unterhielten uns. Sie kamen von einem Wettkampf in Tokio. Heike hatte, wie so oft, den Weitsprung gewonnen. Ich las bereits in der New York Times von ihrem Erfolg.
Der Flug von Tokio nach Berlin war wie meiner, ebenfalls kein Direktflug. Auch ihnen ist das gleiche Malheur mit dem Gepäck wie mir bereits des öfteren wieder fahren.
Zwei Tage nachdem ich zu Hause war, kam der Koffer per Bote.

Eines meiner Patente wurde in Kanada realisiert. Die Anlage ist mit einem Investitionsaufwand von etwa zehn Millionen Dollar errichtet worden. Aus Anlass des zehnjährigen erfolgreichen Betriebes dieser Anlage wurde ich als Erfinder mit meiner Familie zu diesem Jubiläum eingeladen. Auf dem Rückflug von Toronto über London nach Berlin ging unser Gepäck wieder einmal verloren. Auch hier kam nach der Verlustmeldung ein Bote mit unseren zwei Koffern zu uns nach Hause.
Die Reihe gleicher und ähnlicher Vorkommnisse lässt sich noch fortsetzen, doch es soll genug sein mit diesen Aufzählungen.

*

Quartier haben wir nicht gebucht. Da es nun spät ist wird die Suche nach einem geeigneten Hotel vielleicht problematisch. Doch wir sind diese Art des Reisens gewöhnt, so dass unser Optimismus auch in Estland keinen spekulativen Gedanken zulässt, der die Suche nach einer geeigneten Übernachtung fehlschlagen ließe.

Vor der Eingangshalle des Flughafens stehen viele Fahrzeuge. Einige sind als Taxi erkennbar. Andere stehen in der gleichen Warteschlange. Sie sind als solche aber nicht gekennzeichnet. Die meisten Fahrzeuge sind für einen Transport unseres Gepäcks ungeeignet. Schließlich sind die zwei Kartons mit den Rennrädern recht groß. Jeder ist etwa zwei Meter lang und ein Meter breit.

Etwas weiter hinten in der zweiten Reihe entdecke ich ein Fahrzeug, das unseren Ansprüchen gerecht werden könnte. Ein Mann etwa fünfunddreißig Jahre alt, mit vollem schwarzem Haar sitzt auf dem Fahrersitz. Den werde ich ansprechen.

Während Evelyn und Rogér beim Gepäck bleiben gehe ich zu ihm. Mit Gesten und gebrochenem Russisch schildere ich mein Anliegen. Er schert aus der Reihe der Wartenden heraus und lenkt sein Fahrzeug zum Warteplatz meiner Reisegefährten. Wir sollen einsteigen, die Kartons will er allein verstauen. Es wäre zu mühsam, deshalb helfe ich.

Gern würde ich wieder in dem Hotel mit dem gleichen Namen der Stadt Tallinn Quartier beziehen. Unser Fahrer meint dieses Hotel nicht zu kennen. Es ist schon mehr als dreißig Jahre her, als ich dort gewohnt habe. Vielleicht gibt es dieses Haus nicht mehr. Seinerzeit war es das beste und modernste.
Ich erinnere mich noch an die Finnen, die an jedem Wochenende dieses Hotel und die Bar füllten. Sie kamen nur nach Tallinn, weil sie hier im Gegensatz zu Finnland jede Menge Alkohol und dann noch zu günstigen Preisen bekamen.
Ab Sonntagmittag war in diesem Hotel kein Finne mehr zu finden. Sie wählten diesen Ausflug nach Estland nur, um sich zu besaufen.

Unser Fahrer nimmt den kürzesten Weg vom Flughafen zur Stadt und lenkt stattdessen sein Fahrzeug zu einem exklusiven Hotel.
In Deutschland würden vor allem Journalisten aber auch andere zur Architektur dieses Bauwerks abfällig von Plattenbau sprechen. Ich hingegen finde es gut. Rationell in der Konstruktion, übersichtlich, schnörkellos, effektiv mit kurzen Wegen zum Aufzug und allen Einrichtungen.
Das Hotel steht zwischen der Altstadt und dem Hafen. Die Lage ist vortrefflich gewählt. Nur wenige Meter Fußweg sind es bis zum Tor in der Stadtmauer. Dahinter beginnt die Altstadt dieser ehrwürdigen Stadt mit so wechselvoller Geschichte.
Etwa der gleiche Weg liegt zwischen Hotel und dem Liegeplatz der Fähre, die uns nach Helsinki bringen wird.
Das Auto hält unmittelbar vor dem Eingang zum Hotel. Während alle im

Fahrzeug bleiben gehe ich an die Rezeption. Nach kurzer Verhandlung ist unser Aufenthalt und das Problem mit dem Quartier geklöst.

Die Tage in Tallinn und Helsinki vergehen schnell. Viele neue Erlebnisse und Erkenntnisse bereichern unser wissen. Besonders beeindruckend ist die Geschichte von Tallinn, die sich in den Bauten der Altstadt spiegelt.

Eine Woche nach unserer Ankunft bringen wir Evelyn mit dem Bus wieder zum Flughafen. Da der Bus nur wenige Meter von unserem Hotel entfernt einsetzt und direkt bis zum Flughafen fährt, ist dies eine angenehme und bequeme Verbindung. Zumal die Busfahrt sehr preiswert ist.

Das Einchecken für Evelyn bei easyJet geht problemlos. Schnell hat sie auch die Passkontrolle passiert. Die Maschine wird planmäßig abfliegen.

Wir sehen uns noch ein wenig in der Empfangshalle um. Da gibt es einen Stand an dem man sein Gepäck, insbesondere sperriges Gut transport-fähig verpacken lassen kann.
Koffer, die vor Beschädigungen geschützt werden sollen, kann man hier umhüllen lassen. Fahrräder werden an einem Automaten mit Folie umwickelt. Natürlich gegen eine Gebühr.
Zwei junge Leute stehen an diesem Stand und verhandeln mit dem Mann, der die Gepäckstücke offenbar verpackt. Die junge Frau hat Tränen in den Augen. Der Mann will die beiden Fahrräder der jungen Leute offenbar nicht umhüllen.
Wir kommen mit ihnen ins Gespräch. Es sind Deutsche wie wir. Sie wollen mit der Maschine der Fluggesellschaft easyJet von Tallinn nach Berlin fliegen. Doch beim Einchecken wurden Sie zurückgewiesen, da an der Gepäckannahme nur vorschriftsmäßig verpackte Fahrräder abgenom-men werden. Für das Verpacken haben Sie kein Geld mehr.
Wie sich herausstellt haben sie es nicht gewusst, dass bei easyJet Fahrräder nur im verpackten Zustand entgegengenommen und transpor-tiert werden.
Entweder sie haben sich über die Transportbedingungen nicht ausrei-chend informiert oder sie wurden beim Kauf der Tickets nicht über dieses Problem aufgeklärt.
Da sie mit einer anderen Fluggesellschaft anreisten war ihnen diese Bedingung bei easyJet nicht ausreichend bekannt. Sie erzählten uns, dass sie mit AirBaltic von Berlin bis Riga geflogen sind. In Berlin hatte man bei AirBaltic ihre Fahrräder unverpackt entgegengenommen und nach Riga transportiert. Von Riga sind sie mit den Fahrrädern nach Tallinn gefahren. Da das Einchecken in Berlin bei AirBaltic anstandslos erfolgte, haben sie sich über den Rückflug keine Gedanken gemacht. Sie sind davon ausge-gangen, dass der Rückflug mit den Fahrrädern bei easyJet genauso abge-wickelt werden würde.
Nun hatten sie ein Problem.

Ihr Geld war alle und unverpackt werden die Räder nicht mitgenommen. Schluchzend sagt die junge Frau:
„Das Einchecken ist gleich zu Ende. Wir müssen mit der Maschine nach Berlin mitfliegen. Der Mann an der Maschine will für das Verpacken jedes Fahrrades fünfzehn Euro haben. Unsere Alternative ist nur die Fahrräder hier zu lassen und ohne sie zu fliegen."

Der junge Mann bietet mir seine Uhr an, damit ich ihm dreißig Euro gebe und er so die Fahrräder verpacken lassen kann. Ich nehme die Uhr nicht, gebe ihm aber dreißig Euro.
Wir tauschten unsere Adressen aus, während die Fahrräder nun ordnungsgemäß umhüllt werden.
Glücklich können sie einchecken und die Räder mit nach Berlin nehmen.

Bevor sie die Passkontrolle passieren, sagen wir ihnen noch, dass wir etwa in vierzehn Tagen oder drei Wochen wieder in Berlin sein werden. Diese Zeit benötigen wir noch für unsere Tour.

Am nächsten Tag nehmen wir unsere Radtour in Angriff. Durch Estland, durch Lettland über Riga. durch Litauen über Vilnius, durch Weißrussland nach Minsk führt der Weg. Weiter über Warschau kommen wir nach Berlin.
Evelyn sagt uns bei der Begrüßung, dass zwei junge Leute hier gewesen seien und ihr dreißig Euro gegeben haben. Sie sprachen davon, ihr hättet ihnen das Geld geliehen und erzählten ihr von den Komplikationen mit der Fluggesellschaft easyJet. Glücklich sind sie, dass ihr ihnen geholfen habt. Das sie heil ihre Fahrräder nach Hause gebracht haben.
Seitdem treffen wir uns mit Steffen und Josephine in regelmäßigen Abständen. Es hat sich eine angenehme Freundschaft entwickelt.
Gemeinsam sprechen wir über das Erlebte. Tauschen Erfahrungen aus, analysieren und vergleichen unter anderem auch die Preise und Kosten von verschiedenen Fluggesellschaften.
„Wir haben für den Flug von Tallinn nach Berlin etwa sieben Euro und fünfzig Cent pro Person bei easyJet bezahlt," meint Josephine.
Steffen ergänzt: „Kurios ist, das Fahrrad hat fünfzehn Euro gekostet. Es war damit doppelt so teuer wie der Flug für eine Person. Und wenn man nun noch die Verpackung für das Fahrrad in Tallinn betrachtet, so hat auch dies noch einmal fünfzehn Euro gekostet. Damit haben wir für den Transport eines Fahrrades dreißig Euro aufgewendet. Das entspricht dem vierfachen Preis, gemessen an dem Preis für den Transport eines Passagiers auf dem gleichen Weg."
Ich werfe ein: „Das Fahrrad kostete aber keine Flughafengebühr."

Im September wollen wir unsere Reise nach England durchführen. Zuvor ist noch das Auto zu buchen. Schließlich hatten wir uns seinerzeit lediglich bei den verschiedensten Autovermietern über Preise und die vielfältigen Mietbedingungen sachkundig gemacht. Nun wird es Zeit, in die konkrete Vorbereitungsphase zu gelangen.

Seitdem wir den Flug nach Newcastle gebucht haben und uns nach dem mit dieser Buchung in Verbindung stehenden Angebot bei *Europcar* erkundigten, sind zwei und ein halber Monat vergangen. Damals lautete das Angebot von dem Autovermieter 183,00 Euro einschließlich des vorgesehenen Rabattes (vergl. Bild 5) und der Zusage des Vermieters von 20 Prozent.

Erneut wähle ich die Telefonnummer von *Europcar*. Nach dem Vortragen meiner Wünsche, schließlich möchte ich das gleiche Fahrzeug haben, auf das sich das Angebot meiner ersten Konsultation mit dem Vermieter bezog, nennt man mir einen Preis von 201,32 Euro. Auf meine Nachfrage: „Sind in diesem Preis die zwanzig Prozent Rabatt enthalten, die mir beim Kauf der Flugscheine von easyJet zugesagt wurden?"
„Ja, die sind bereits berücksichtigt."
„Warum kostet das gleiche Auto zum gleichen Termin und zu den gleichen Bedingungen jetzt 18,32 Euro mehr als bei Ihrem ersten Angebot?"
„Das weiß ich nicht, das kann ich Ihnen nicht sagen."
„Welche Art der Versicherung ist in dem Vertrag enthalten?" möchte ich noch erfahren.
„Eine Vollkasko-Versicherung", lautet die Antwort. Ergänzend sagt er, „bei uns sind alle Fahrzeuge Vollkasko versichert."
Nach einer kurzen Pause kommt die Frage:
„Wollen Sie das Fahrzeug buchen?"
Ich versuche noch zu handeln. Doch das bleibt ohne Erfolg. Mir wird nur entgegnet; „Sie bekommen ja schon einen erheblichen Rabatt, mehr ist nicht möglich."
„Muss ich noch mit weiteren Kosten rechnen?" will ich wissen.
„Nein in dem Preis von 201,32 Euro sind alle Leistungen enthalten."
Irgendwann endet das Gespräch mit meiner Zusage.

Allerdings wird von mir noch die Vorauszahlung des Mietpreises verlangt. Und dies ist nur mit einer gültigen Kreditkarte möglich. Dazu wird das Kreditkartenunternehmen abgefragt. Darüber hinaus muss ich die Kreditkartennummer und die Dauer der Gültigkeit der Karte preisgeben. Alles wird per Telefon erledigt.

Einige Tage später erreichen mich die Unterlagen per Post. Aus dem Anschreiben ergibt sich bereits der erste Widerspruch zur telefonischen Absprache. Darüber hinaus werden durch den formulierten Text weitere Fragen aufgeworfen. Diese Unklarheiten geben natürlich Anlass zu Spekulationen.

Das Anschreiben hat folgenden Wortlaut:

„Sehr geehrter Kunde!

Wir freuen uns, Ihnen Ihre vorausbezahlte Reservierung bei Europcar zu bestätigen. Als Anlage erhalten Sie Ihre Vorauszahlungsbestätigung mit Einzelheiten Ihrer Reservierung und Vorauszahlung. Einige wichtige Punkte haben wir hervorgehoben, um eine problemlose Abwicklung zu sichern:

Wenn Sie den Mietwagen abholen

- Legen Sie bitte diese Europcar-Vorauszahlungsbestätigung zusammen mit Ihrem gültigen Führerschein und einer Kreditkarte vor.

- Von Ihnen wird ein rückzahlbares Deposit durch Kreditkarte zur Abdeckung der folgenden Kosten, soweit zutreffend, verlangt:
nicht gedeckter Verlust und / oder Beschädigung des Fahrzeuges Nachtanken
verspätete Rückgabe des Fahrzeugs sowie bei Mietbeginn zusätzlich vereinbarter Leistungen.

Beachten Sie bitte, dass die Zahlung des rückzahlbaren Deposits mit einer gültigen Kreditkarte erfolgen muss. Bei Mietbeginn wird die Karten-Genehmigung eingeholt, und die entsprechenden Kosten werden erst bei Rückgabe des Fahrzeugs belastet.

Fragen, Änderungen und Stornierungen

Wenn Sie Fragen zu dieser Vorauszahlungsbestätigung haben (zum Beispiel wegen Änderungen), wenden Sie sich bitte an uns. Wenn Sie diese Vorrauszahlungsbestätigung verlieren, wenden Sie sich bitte unverzüglich an uns (Telefon 0180 / 5 8000 (0,12 €/Minute)). Beachten Sie bitte, dass wir keine Rückvergütung für eventuell ungenutzte Miettage ausstellen.

Europcar wünscht Ihnen eine sichere und angenehme Reise und wird Sie auch bei künftigen Mieten gern bedienen.

Mit freundlichen Grüssen,
Europcar Callcenter"

Bereits der erste Satz in diesem Schreiben stimmt mich nachdenklich. Wie heißt es dort?

„Wir freuen uns, Ihnen Ihre vorausbezahlte Reservierung bei Europcar zu bestätigen."

Eigentlich wollte ich keine Bestätigung meiner vorausbezahlten Reservierung haben. Ich erwartete einen Vertrag zur Anmietung und Bereitstellung eines telefonisch vereinbarten Fahrzeugs. Dies zu einem festgelegten Termin, mit dem abgesprochenen Bereitstellungsort und den weiteren definierten Einzelheiten. Natürlich auch mit der Bestätigung des bereits vorausbezahlten Mietbetrages. Die mir zugestellten Unterlagen lassen aber nicht erkennen, dass es sich hier um einen Mietvertrag mit fester Bindung handelt.

Auch aus dem zweiten Satz ist keine vertragliche Bindung erkennbar. Dort heißt es:

„Als Anlage erhalten Sie Ihre Vorauszahlungsbestätigung mit Einzelheiten Ihrer Reservierung und Vorauszahlung."

Hier wird zwar meine Vorauszahlung bestätigt. Das dieses Schreiben einen Vertrag darstellt, ist aber nicht deutlich ersichtlich. Es werden Einzelheiten meiner Reservierung und der Vorauszahlung erwähnt. Sie lassen aber nicht den eindeutigen Schluss einer vertraglichen Bindung erkennen. Nach dem Vertragsrecht ist unter Reservierung doch nur eine Vormerkung oder eine Vorbestellung zu verstehen. Eine bindende Wirkung, wie sie durch einen Vertrag verbindlich festgeschrieben wird, ist durch die Reservierung nicht erreicht.

Was nun?

Mit Interesse lese ich die nächsten Sätze.

Eine wünschenswerte Auflösung des Rätsels erfolgt nicht. Im Gegenteil die Sache wird immer verworrener und mysteriöser.

Der nächste Widerspruch ergibt sich aus der Frage, die ich bereits bei der telefonischen Buchung stellte. Sie lautete:

„Muss ich noch mit weiteren Kosten rechnen?"

Die Antwort war, „nein."

Doch was verbirgt sich hinter dem Passus im Anschreiben, der wie folgt formuliert wurde:

„Wenn Sie den Mietwagen abholen

- ... .

- Von Ihnen wird ein rückzahlbares Deposit durch Kreditkarte zur Abdeckung der folgenden Kosten, soweit zutreffend, verlangt:
nicht gedeckter Verlust und / oder Beschädigung des Fahrzeuges
... ."

Was ist unter einem nicht gedeckten Verlust zu verstehen?

Ist nicht ein Verlust oder die Beschädigung des Fahrzeuges durch eine Vollkasko-Versicherung abgedeckt? Bis Dato war ich immer der Meinung das dies so sei.

Die nächste Frage, die sich zwangsläufig ergibt, lautet: Wie hoch muss die Deckung der Kreditkarte sein, um einen rückzahlbaren Deposit abzusichern?

In dem Anschreiben steht weiter:

„... . Bei Mietbeginn wird die Karten-Genehmigung eingeholt, ..."

Was ist eigentlich eine Karten-Genehmigung?

In keinem Lexikon habe ich eine solche Begriffskombination und demzufolge auch keine entsprechende Definition gefunden.

Wer wird diese Karten-Genehmigung einholen?

Wer ist berechtigt die Karten-Genehmigung zu erteilen?Usw.

Es reicht.

Deshalb widme ich mich der Bestätigung über die Vorauszahlung. Sie wird nachfolgend ohne Korrektur wiedergegeben:

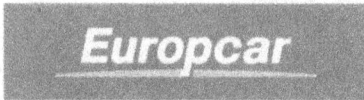

Europcar   Europcar Autovermietung Gmb

BESTAETIGUNG UEBER EINE VORAUSZAHLUNG BEI ANMIETUNG
VORLEGEN   *Res.-no. *********-1-1*

BUCHUNGSDATUM   06.09.200X   Fahrer ...
Fahrer ID   *...*
Bitte beachten Sie das Mindestalter von: 23 maximum
gebucht durch
External ref no   *12623 Berlin*
RESERVIERUNGSDATUM   *06.09.200X*
*   GERMANY*

VORAUSBEZAHLTER BETRAG
(Waehrung des Reservierungslandes)   *201.32 EUR*
VORAUSBEZAHLTER BETRAG
(Waehrung des Anmietlandes)   *134.21 GBP*
KREDITKARTENNUMMER   *0000*********0000*
ANMIETUNG   *NEWCASTLE AIRPORT*
Adresse   *TERMINAL BUILDING*
*   NEWCASTLE AIRPORT*
*   NE13 8BZ NEWCASTLE UPON TYNE*
Telefon   *(0191) *******
Oeffnungszeiten   *07:30 – 23:00*
Anmietdatum   *21.09.200X*
Anmietzeit   *17:20*
Anreise mit   *6482*

RUECKGABE   *NEWCASTLE AIRPORT*
Adresse   *TERMINAL BUILDING*
*   NEWCASTLE AIRPORT*
*   NE13 8BZ NEWCASTLE UPON TYNE*
Telefon   *(0191) *******
Oeffnungszeiten   *07:30 – 23:00*
Anmietdatum   *27.09.200X*
Anmietzeit   *17:20*
Miettage   *6*

FAHRZEUGGRUPPE   Economy (ECMN)

RENAULT CLIO 1.2   DYNAMIQUE 3-DR
oder vergleichbar

TARIF   *PRAID PROMO SUMMER GB 05/6 14 SM:OT*
vors. Mietpreis   *201.32 EUR (TAX 17.50% Inclusive)*

inclusive   *Unbegrenzte Meilen*
                       Flughafenservicegebuehr
                       Vollkaskoschutz
                       - Selbstbehalt im Schadensfall 500.00 GBP
                       Strassengebuehr
                       Diebstahlschutz (im Vollkaskoschutz enthalten)
                       - Selbstbehalt im Schadensfall
                       Einweggebuehr, falls
                       Anmiet-und Rueckgabestation unterschiedlich

                       Weitere Zusatzleistungen werden bei Anmietung
                       Berechnet

Dieses Dokument storniert alle vorherigen Vorauszahlungsbestaetigungen

Natürlich wirft diese *Bestätigung über eine Vorauszahlung bei Anmietung* weitere Fragen auf.

Am Telefon hatten wir als Mietfahrzeug einen bestimmten Typ der Marke Volkswagen und keinen Renault Clio vereinbart. Warum steht das nicht so in der Bestätigung? Stattdessen wird ein bestimmter Renault Clio aufgeführt und um meiner Forderung nachzukommen, oder um einer eventuellen Nachfrage vorbeugend jede Schärfe zu nehmen, fügt der Aussteller dieser Bestätigung hinzu, *oder vergleichbar.*

Mit dem Anschreiben und der Bestätigung über die Vorauszahlung bei Anmietung wurde mir ein weiteres Schreiben zugestellt. Es ist überschrieben mit

EUROPCAR VORAUSZAHLUNGSBESTÄTIGUNG
Vertragsbedingungen

Wie kann es für eine Vorauszahlungsbestätigung Vertragsbedingungen geben?
Ist mit einer einseitig geforderten Vorauszahlung, eine daraufhin geleistete Vorauszahlung ohne dass der Mieter einer Sache Kenntnis zum vollständigen Vertragsinhalt bekam bereits ein Vertrag abgeschlossen?
Müssen nicht beide Parteien, Mieter und Vermieter erst Kenntnis vom Vertragsinhalt haben, damit ein Vertrag wirksam abgeschlossen werden kann?
Wird ein Vertrag nicht unter der Bedingung erst wirksam, wenn zum Vertragsabschluss dem Mieter auch gleichzeitig die Vertragsbedingungen

unterbreitet werden und er sie zum Zeitpunkt des Vertragsabschlusses anerkennt?

Ein Vertrag wird doch erst wirksam, wenn er von beiden den Vertrag schließenden Parteien anerkannt ist und die Vertragsbedingungen von beiden Parteien akzeptiert werden.

Ist es zulässig, einseitig getroffene Absprachen zum Vertrag zu erklären und dem Mieter einer Sache im nach hinein Vertragsbedingungen zu diesem Vertrag zu diktieren, die ihn im Falle der Nichtakzeptanz oder Zurückweisung zu Strafzahlungen verpflichten bzw. seine geleisteten Vorleistungen nicht vollständig zu erstatten?

Aber lassen wir diese Feinsinnigkeiten, wenden wir uns dem Text zu.

Einleitend heißt es:

„Diese Europcar Vorauszahlungsbestätigung unterliegt den nachfolgenden Vertragsbedingungen. Falls der Mieter diesen Bedingungen nicht zustimmt, kann er gemäß Ziffer 5 dieser Bedingungen die Reservierung rückgängig machen. Ansonsten bestätigt der Mieter, dass ihm diese Vertragsbedingungen bekannt sind und dass er sie als für ihn verbindlich anerkennt."

Das erste augenscheinliche Missverhältnis zwischen Vermieter und Mieter entsteht offenbar bereits zum Zeitpunkt der telefonischen Absprache zur Mietsache. Dem Mieter werden im Augenblick seiner Zusage in der Mietabsprache keine Vertragsbedingungen unterbreitet. Erst nachdem er eine Vorauszahlung geleistet hat erhält er die schriftliche Vorauszahlungsbestätigung mit den Vertragsbedingungen. Es ist zweifelhaft, ob unter diesen Bedingungen die in den Vertragsbedingungen unter Ziffer 5 genannten Voraussetzungen überhaupt wirksam werden können.

Dort heißt es:

„5 – Alle Stornierungen müssen Europcar gegenüber schriftlich oder per Telefax unter gleichzeitiger Rücksendung der Vorauszahlungsbestätigung erfolgen und sind mit Eingangsdatum bei Europcar wirksam. Bei Reservierungen über die Europcar Website können Stornierungen über die Website vorgenommen werden. In diesem Fall ist die Stornierung mit Übermittlung und Aufnahme in das Europcar Reservierungssystem wirksam.

Der Mieter erhält eine Stornobestätigung.

Eine gebührenfreie Stornierung ist möglich, wenn der Mieter innerhalb von 14 Arbeitstagen nach dem auf der Vorauszahlungsbestätigung angegebenen Reservierungsdatum storniert. Die Stornierung muss in jedem Fall vor dem angegebenen Mietbeginn erfolgen.

Nach Ablauf dieser Frist wird der Vorauszahlungsbetrag zurückgezahlt abzüglich folgender Stornogebühren:

- Wird die Reservierung mehr als 2 Tage vor vereinbartem Mietbeginn

storniert, wird eine Stornogebühr von 5% der geleisteten Mietvorauszahlung erhoben.

- Wird die Reservierung weniger als 2 Tage vor vereinbartem Mietbeginn storniert, wird eine Stornogebühr von 10% der geleisteten Mietvorauszahlung erhoben.

Der Kunde hat keinen Anspruch auf Erstattung der geleisteten Vorauszahlung, wenn er das reservierte Fahrzeug zum vereinbarten Zeitpunkt nicht abholt und Europcar darüber vorher nicht schriftlich informiert hat."

In den Formulierungen unter dieser Ziffer 5 stehen viele unklare Sätze und solche Festlegungen, die zur einseitigen Vorteilsnahme führen können.
Auf den ersten Blick scheint folgende Formulierung eindeutig zu sein:

„Eine gebührenfreie Stornierung ist möglich, wenn der Mieter innerhalb von 14 Arbeitstagen nach dem auf der Vorauszahlungsbestätigung angegebenen Reservierungsdatum storniert."

Ist die gebührenfreie Stornierung wirklich möglich? Der Verfasser dieser Klausel räumt sich einen fragwürdigen Spielraum ein. Der wird natürlich erst nach näherer Betrachtung deutlich. Deshalb ist es notwendig den Satz zu sezieren.

Im ersten Teil heißt es:
„Eine gebührenfreie Stornierung ist möglich, ...“

Welche Bedeutung ist dem Wort möglich zuzuschreiben?
Hier verwendet, bietet es dem Vermieter einen weit reichenden Spielraum. Dieser reicht von der vollständigen Rückzahlung des vorausbezahlten Betrages bis zur Verweigerung jeglicher Rückerstattung. Ein Wort mit eindeutiger Bedeutung würde jede Variationsmöglichkeit ausschliessen. Der Nachsatz soll die Bedingungen einer Rückerstattung definieren. Er ist aber im Zusammenhang mit der zuvor ergangenen Einschränkung so gut wie bedeutungslos. Dafür ist der darauf folgende Satz eindeutig.

Er lautet:
„Die Stornierung muss in jedem Fall vor dem angegebenen Mietbeginn erfolgen."

Fragwürdig sind die anschließenden Passagen, die all' diese Formulierungen verwerfen und somit in ihrer Eindeutigkeit weiter in Frage stellen. Dabei scheint es wichtig, jeden Satz mehrfach zu lesen, um die Tücken der Wortwahl richtig zu verstehen.

In dem ersten Satz steht:
„Nach Ablauf dieser Frist wird der Vorauszahlungsbetrag zurückgezahlt abzüglich folgender Stornogebühren:"

Mit dem ersten Teil dieser Formulierung kann sich der Mieter bedingt einverstanden erklären.

Dort heißt es:

„Nach Ablauf dieser Frist wird der Vorauszahlungsbetrag zurückgezahlt ..."

Auf welche Frist bezieht sich der Vermieter? Die Antwort bleibt aus. Wurde hier das Wort Frist bewusst eingefügt? Wenn ja, dann kann es sich nur auf den Passus mit konkreter Zeitangabe beziehen.

Und der lautet:

„Eine gebührenfreie Stornierung ist möglich, wenn der Mieter innerhalb von 14 Arbeitstagen nach dem auf der Vorauszahlungsbestätigung angegebenen Reservierungsdatum storniert."

Also 14 Arbeitstage nach dem Reservierungsdatum lautet die Frist. Das wäre der Zeitraum für eine mögliche gebührenfreie Stornierung.

Was soll dann die Ergänzung:

„abzüglich folgender Stornogebühren:"

Wenn eine gebührenfreie Stornierung in einer Frist von 14 Arbeitstagen nach dem Reservierungsdatum möglich ist, warum wird dann eine Klausel angefügt, die da lautet, *abzüglich folgender Stornogebühren*? Das kann doch nur bedeuten, dass der Vermieter entgegen seiner gerade getroffenen Aussage doch eine Gebühr verlangt.

Eine solche Verfahrensweise widerspricht aber dem Vertragsrecht, da der Mieter zum Zeitpunkt der Absprache zur Mietsache vom Vermieter über den Inhalt der Vertragsbedingungen nicht in Kenntnis gesetzt wurde. Denn die Vertragsbedingungen, wie sie ihm hier diktiert werden, wurden erst mit der Vorauszahlungsbestätigung zugestellt. Er bekam gar keine Möglichkeit eine Übereinstimmung seiner Interessen und der des Vermieters zu prüfen, bevor der Vertrag verbindlich wird. Ein solcher Vertragsabschluss ist sehr fragwürdig.

Hier liegt eine einseitige Willenserklärung des Vermieters vor. Diese Art einer Vertragsschließung dürfte wohl mit dem deutschen Vertragsrecht nicht vereinbar sein.

Bei der näheren Betrachtung der anschließenden Anstriche stellen sich weitere Zweifel und Fragen ein. Es wird deutlich, wie der Vermieter dem Mieter unter dem Gesichtspunkt der einseitigen Vorteilsnahme seinen Willen aufzwingt, indem er dem Mieter Bedingungen diktiert, die der nicht mehr abwenden kann.

Oder gehe ich fehl in der Annahme?

Im ersten Anstrich steht:

„- Wird die Reservierung mehr als 2 Tage vor vereinbartem Mietbeginn storniert, wird eine Stornogebühr von 5% der geleisteten Mietvorauszah-

lung erhoben.“

Dieser Absatz besagt doch, dass im Falle einer Stornierung grundsätzlich mindestens 5 % Stornogebühr von der geleisteten Mietvorauszahlung erhoben werden.

Das bedeutet auch, storniert der Mieter zum Zeitpunkt der Kenntnisnahme von der Vorauszahlungsbestätigung und den Vertragsbedingungen die Mietnahme, dann erhält er frühestens nach 14 Arbeitstagen seine geleistete Mietvorauszahlung unter Abzug von 5 % Stornogebühr zurück.

Eine Rückzahlung des vollen Mietbetrages wird mit diesem Absatz grundsätzlich ausgeschlossen.

Natürlich gibt es zu Ziffer 5 noch weitere Fragen, wir sollten es doch damit abschließen und uns noch mit zwei anderen Ziffern beschäftigen.

In diesen Vertragsbedingungen steht unter
„9 – Reservierungen sind nur verbindlich für Preisgruppen, nicht für Fahrzeugtypen. Typenwünsche werden entsprechend der Verfügbarkeit zum Zeitpunkt des Mietbeginns erfüllt.“

Um es vorweg zu nehmen: Erst mit dem Mietbeginn kann auch ein Vertrag und damit können seine Vertragsbedingungen wirksam werden.

Aber zurück zu den Fahrzeugtypen. Ich frage mich, warum habe ich eigentlich gegenüber dem Vertragspartner den Wunsch für die Anmietung eines bestimmten Fahrzeugs geäußert? Und wenn ich weiter nachsinne, stellt sich die nächste Frage. Warum wurde mir von dem Mitarbeiter des Vermieters am Telefon dieser Fahrzeugtyp für die Bereitstellung in Newcastle bestätigt?

Natürlich bleiben diese Fragen unbeantwortet.

Nun noch eine Bemerkung zur Ziffer 12 der Vertragsbedingungen.

Dort heißt es:
„12 – Diese Bedingungen und Bestimmungen können von Europcar jederzeit ohne Vorankündigung geändert werden.“

Hier räumt sich der Vermieter ein willkürliches Recht, mit unabsehbaren Folgen für den Mieter, ein.

An dieser Stelle ist jeder Kommentar überflüssig.

Eine grundsätzliche Frage drängt sich zu der Verbindung noch auf, die offenbar zwischen den Verträgen von easyJet und Europcar bestehen. Handelt es sich hier vielleicht um ein Koppelgeschäft, wie es in Deutschland verboten ist?

Die Antwort bleibt offen.

*

Nur drei Wochen nach dem ich die Vorrauszahlungsbestätigung und die

Vertragsbedingungen von Europcar in den Händen hatte, begaben wir uns auf die Reise nach England. In Berlin-Schönefeld wurde eingecheckt. Den Verfahrensweg kannten wir schon. So dass der Umgang mit dem Computer problemlos verlief. Ja ich konnte sogar einer jungen Frau, die mit einem Kleinkind auf dem Arm hilflos vor dem Computer stand, beim Einchecken behilflich sein.

Auch die folgende Prozedur der Kontrollen verlief analog der, die wir von unserer Reise nach Estland kannten. Erneut bekam ich Probleme an der Magnetkontrolle. Gleich mehrere Beamte beschäftigten sich mit mir, bevor ich dann anstandslos den Kontrollbereich passieren durfte.

Der Weg zum Sammelraum führte wieder über enge bedrückende, fensterlose Gänge. Jedes Mal, wenn ich sie passieren muss, kommen in mir Erinnerungen an enge, dunkle Höhlen, Gefängnisse und an unsere Flucht aus der Zeit der Evakuierung in Polen, während meiner Kindheit im zweiten Weltkrieg hoch.

Schweiß steht mir auf der Stirn, die Hände werden feucht.

Bei keiner anderen Fluggesellschaft musste ich ähnliche Wege durch-schreiten, um irgendwann das Tageslicht wieder zu Gesicht zu bekommen.

Da ich bis dahin mit easyJet nur von dem Flughafen Berlin-Schönefeld abgeflogen bin, war ich der Meinung eine solche bedrückende Atmos-phäre gibt es nur in diesem Flughafengebäude. Ich sollte später gleiche Erfahrungen auch an anderen Flughäfen machen.

In Newcastle angekommen begaben wir uns an den Schalter des Autovermieters. Die Vorauszahlungsbestätigung, die ich vorlegte, wurde abgeglichen mit der, die bereits am Schalter von Europcar verfügbar war. Der Mann hinter dem Tresen wechselte mit mir einige Worte.

Ich fragte, ob wir ein Fahrzeug von Volkswagen haben können.

„Ja, wir haben ein solches für Sie reserviert."

Er legte uns den Vertrag vor. Darin wurde der Rabatt der in Deutschland mit 20 % avisiert war, jetzt mit 15 % ausgewiesen. Ich beanstandete das, stellte aber fest, dass die ausgewiesene Endsumme mit der in der Vorauszahlungsbestätigung übereinstimmte. Im gleichen Moment machte mich der junge Mann am Schalter auf die Identität der Summe im Vertrag und der Vorauszahlungsbestätigung aufmerksam.

Er verlangte nach einer Kreditkarte.

In der Annahme, er wolle die Angaben aus der in Berlin telefonisch getä-tigten Absprache mit den ihm vorliegenden Daten überprüfen, händigte ich ihm diese aus. Dann verglich er sie mit den Zahlen auf dem Papier. Danach erklärte er, er müsse mit der Karte ein Deposit in Höhe von 500 britischen Pfund abbuchen.

Da mir ein solcher Vorgang bisher nicht widerfahren war, fragte ich nach dem Grund. Er zeigte mir die Stelle, an der es im Vertrag so aufgeführt ist und fügte hinzu:

„Bei Rückgabe des Fahrzeugs wird Ihnen das Deposit zurückerstattet."
Mir erschien der Betrag, der offenbar wie eine Kaution behandelt wird, etwas zu hoch und versuchte ihn zu drücken. Der Mann ließ aber nicht mit sich handeln.

Was mag wohl passieren, wenn ich nicht über den Gegenwert auf dem Konto verfüge? Sogleich fiel mir ein, dies ist ja eine Kreditkarte, das heißt, das Kreditinstitut finanziert den Betrag vor und gleicht ihn dann über mein Konto bei meiner Hausbank aus. Verfüge ich dort nicht über die geforderte Summe, wird der Restbetrag von dem Dispokredit ausgeglichen, den mir meine Bank großzügig gegen die Zahlung von etwa fünfzehn Prozent Zinsen bereitstellt.

Weitere Fragen schossen mir durch den Kopf.

Wie ergeht es einem, dessen Kreditrahmen mit dieser Summe erschöpft ist? Wenn er dieses Geld als Verfügungslimit für seine Reise kalkuliert hatte? Wenn er damit Kraftstoff, Verpflegung und Unterkunft der nächsten Urlaubstage bestreiten wollte? Wenn er keinen Dispokredit bekommt?

Nun gut wir hinterlegten das Geld, schließlich lief sonst alles nach Plan. Wir bekamen das Auto, das wir wollten. Nichts sollte ab jetzt den Ablauf dieser Woche stören.

England ist ein schönes Land. Viele Erinnerungen verbinden uns mit dieser Insel. Allerdings hauptsächlich mit London, Cornwall und Devon.

Bild 6 – Der geschichtsträchtige Friedhof von Tintagel

Die immergrünen Wiesen, zerklüftete Steilküsten, Leuchttürme und Klippen, herrliche Wanderwege, romantische Ortschaften und Städte, viel

Geschichte. Tintagel und die Tafelrunde des König Artus. Oder die alten, großzügig anglegten Friedhöfe.

Große berühmte weiße Pferde wurden im Kalkstein verewigt und leuchten aus der Entfernung aus dem sie umgebenen leuchtenden Grün der saftigen Wiesen und Felder.

Viele Häuser mit Reet gedeckten Dächern, romantische Pubs mit typischer, traditioneller Lifemusik laden den Wanderer ein, hier zu Verweilen, ein Guinness oder Kilkenes zu genießen.

Kleine liebevoll gestaltete idyllische Herbergen und Pensionen, als B & B gekennzeichnet, bieten Übernachtungsmöglichkeiten mit reichhaltigem wahlweise englischem oder kontinentalem Frühstück. In familiärer Atmosphäre ist jeder Gast herzlich willkommen.

Die mysteriöse Insel St. Michael's Mount, die nur bei Ebbe zu Fuß zu erreichen ist. Oder St. Ives, der Ort der Kunst und der Künstler. Ilfracombe die autofreie Stadt in der man über viele Stufen das Zentrum und den Strand erreicht.

Bild 7 – Reet gedecktes Haus bei Churchgove auf dem Lizard

Da ist der Lizard, an dessen Küste die grünblauen Felssteine fast die Härte von Diamanten erreichen. Unzählige Schiffe sind hier in den Klippen in zahllosen Stürmen gestrandet und zerschellt.

Bild 8 – Die Insel St. Michael's Mount

Bild 9 – Blick auf St. Ives mit dem Hafen bei Ebbe

Interessant ist auch Lyme Regis, mit seiner Umgebung, die mit einem Schienenbus erkundet werden kann, der als Doppelstockbus seinen Fahrstrom von einer Oberleitung bekommt. Bei dem die Fahrgäste auf dem Freiluftoberdeck die an ihnen vorbeigleitende Natur bewundern können.

Bild 10 – Doppelstock-Schienenbus bei Lymes Regis

Da ist das schöne Städtchen Fowey mit seinen alten Pubs am Fowey River. Oder Falmouth mit dem alten ehrwürdigen Bahnhof auf dem die Züge enden und die Reisenden in dieser Stadt verweilen, oder sich dann mit der Fähre nach St. Mawes übersetzen lassen. Dort durch die engen Gassen mit kleinen Geschäften flanieren, um hier und da ein Souvenir zu erwerben.

Da sind Torquay und Plymouth, zwei Städte mit Plätzen, von denen aus wir phantastische Sonnenuntergänge beobachteten.

Torquay, eine besuchenswerte Stadt mit besonderem Flair. Beherbergt das Museum, das der Schriftstellerin Agatha Christie gewidmet ist, die mit zahlreichen Kriminalromanen um Miss Marple von sich Reden machte.

Die Stadt mit dem idyllischen B & B namens Silverstone, von dem aus wir wunderschöne Ausflüge ins Dartmoor, auf den Spuren vieler gruseliger Geschichten, zur Postbridge, nach Lustleigh, Teignmouth und an andere sehenswerte Orte unternahmen.

Wer die Straße von Torquay am Wasser der Bucht Tor Bay über Brixham nach Kingswear fährt, der erlebt eine schöne hügelige, wechselvolle Landschaft.

In Kingswear gibt es interessante Geschäfte. Die Straße führt direkt zur Fähre, die den Reisenden mit seinem Auto über den Dart River nach Dartmouth bringt.

Bild 11 – Straße in Kingswear

Bild 12 – Hafen von Dartmouth bei Ebbe und Blick auf Kingswear

Im Hafen liegen die Boote bei Ebbe im Schlick. Schiefe Häuserwände, bunte, abwechslungsreich gestaltete Fassaden zeigen sich als tolle fotogene Straßenbilder.

Wunderschön sind auch die alten Piratenstädte Polpero und Mevagissey, bei denen die Boote während der Ebbe im Sand liegen und bei Eintreten der Flut wieder das Schwimmen lernen.

Wie schön lässt es sich dort direkt am Wasser in der Sonne sitzen, Fisch und Chips genießen und von der Vergangenheit träumen.

Zwischen Ebbe und Flut steigt hier das Wasser um viele Meter. Weit mehr als es an der Nordsee in Deutschland zu beobachten ist. Natürlich ist das noch nichts gegen die Differenz von Ebbe und Flut auf den Inseln Jersey und Guernsey, wo wir sie bis zu vierzehn Meter beobachten konnten.

Auch Land's End muß erwähnt werden. Gern saß ich dort auf einer Bank oberhalb der Felsen vor dem letzten Haus der großen Insel Großbritannien und sah ein Schauspiel, das sich hier ständig wiederholt.

Bild 13 – Land's End, der westlichste Punkt von Großbritannien

Ein leichter Westwind trägt das Salz des Meeres durch die Luft. In kleinen Partikeln, vom staubfeinen Wasser gebunden, dringt es durch die Nase bis tief in die Lungenspitzen. Mit jedem Atemzug belebt es den Körper mehr und mehr. Im Licht der langsam sinkenden Sonne sind Fragmente eines Regenbogens zu erkennen. Wellen, die unter mir auf die Steilküste trafen und dort zerschellten, sind die Basis des Phänomens.

Wärmende Strahlen der Sonne am Fels verursachen die Thermik, in der die staubfeinen Wasserpartikel aufsteigen und in der Lichtbrechung zu dieser Erscheinung führen. Die Struktur der Felswand zerstört eine gleichmäßige Luftströmung. Deshalb erscheinen die ineinander verwundenen Farben eines Regenbogens nur in Fetzen.

Weit draußen im Meer liegen die Scilly-Inseln. Bei klarer Sicht sind die felsigen Erhebungen deutlich zu erkennen.

Von Penzance bringt das Fährschiff Besucher zur Hauptinsel St. Mary's nach Hugh Town.

Aber auch das spektakulärste Monument vorgeschichtlicher Baukunst, Symbol für Mysterien einer unergründlichen Epoche, meist besuchte Kultstätte des Landes, Stonehenge, haben wir uns angesehen. Beeindrukkend stehen die mächtigen Steine auf der weiten Ebene der Salisbury Plain.

Wozu diente wohl dieses mächtige, von Menschenhand errichtete Monument?

Bild 14 – Ein rätselhaftes Monument, Stonehenge

Enttäuscht waren wir von der vielgerühmten Stadt Bath.

Für mich machte sie den Eindruck einer provinzialischen mittelalterlichen Kleinstadt, die offenbar in der Gegenwart ihren Reiz verloren hat. Nur noch in so genannten Reiseführern wird diese Stadt angepriesen und aufgewertet.

In Büchern, in denen einer vom anderen abschrieb, soll auf diese Weise das noch sehenswerte, anziehende, längst vergangener, ruhmreicher, erzählenswerter Zeit aufgewertet werden und so die zwiespältige Schönheit der Vergangenheit aufleben.

*

Englands Süden liegt hinter uns. Jetzt gilt es neue Eindrücke zu sammeln. Im Vordergrund dieser Reise steht die Vertiefung der bereits geknüpften Kontakte zur Realisierung unserer Recherche. Weil wir an dem Buch über die Metros, U-Bahnen und Subways der Welt arbeiteten, muss dieser Aspekt als primär in all unseren Aktivitäten betrachtet werden.

Den ersten Teil günstiger Transportmöglichkeiten haben wir mit dem Flug nach Newcastle hinter uns gebracht. Die Billigfluggesellschaft bietet die besten Voraussetzungen, um das Vorhaben zu realisieren.

Über Großbritannien hatten wir zu wenig Material. Alle Informationen, die wir bisher bekommen konnten waren unvollständig, ja erschienen uns auch teilweise widersprüchlich.

Das Netz der Underground von London haben wir schon abgefahren. Gutes Material und viele selbst geschossene Bilder stehen uns zur Verfügung, um im Teil 2 der Trilogie verarbeitet zu werden. Aber was ist in Newcastle, Liverpool und Manchester? Hier sind unsere Informationen mangelhaft und reichen bisher nicht für die geplante Veröffentlichung. Um für den Teil 3 erforderliche qualitative Aussagen treffen zu können, bleibt nur der Weg in diese Region.

In Newcastle angekommen, bietet diese Stadt am Meer bereits vielfältige Möglichkeiten des Kennen lernens. Ein gut ausgebautes Nahverkehrssystem ermöglicht, viele interessante Orte schnell, bequem und auch preiswert zu erreichen. Ein Shuttle, wie in vielen anderen Städten erforderlich, ist hier nicht notwendig. Wir hatten den Mietwagen. Aber gebraucht hätten wir ihn hier nicht.

Wer durch die gläserne Schiebetür der Empfangshalle aus dem Flughafengebäude ins Freie tritt, atmet unvergleichlich reine Meeresluft. Nur etwa zweihundert Meter von hier entfernt, befindet sich bereits der Eingang zur Metro.

Bild 15 – Metro in Newcastle am Bahnhof Airport

Schnell ist man im Stadtzentrum. Kann durch die engen Gassen schlendern. Über zahlreiche Stufen hinunter zum Tyne River spazieren. Oder sich im quirligen Leben stark frequentierter Fußgängerzonen an den

Auslagen in großen Schaufenstern satt sehen und exklusive Museen besuchen.

Vielleicht auch mit dem Riesenrad fahren um einen weiten Blick über sehr schöne Brücken bis hinaus auf das große Wasser, das England umspült zu riskieren.

Von Newcastle aus werden mit dem Metronetz mehrere Städte verbunden, wie Tynemouth, Sunderland u.a.m.

Ein bisschen Geschichte muss sein. England hat schließlich eine vielseitige und interessante Geschichte. Galt als Weltmacht zur See. Noch heute sind die einstigen britischen Kolonien als Mitgliedsstaaten dem Commonwealth zugehörig. Die britische Königin ist Staatsoberhaupt in vielen Ländern der Welt, von Australien bis Kanada.

Den Hadrian's Wall wollen wir besuchen. Schließlich ist er von der UNESCO zum Weltkulturerbe erklärt worden. Er wurde einst im Auftrage des Kaisers Hadrian, als die nördlichste Grenze, den Limes, des römischen Reiches errichtet. Gleich hinter Newcastle beginnt er. Zieht sich auf einer Länge von etwa 120 Kilometer quer durch Nordengland.
Von der Nordsee im Osten, bis zur Irischen See im Westen.

Bild 16 und Bild 17 – Die Stufen hinunter zum Tyne River

Bild 18 – In der Glas-Fassade der Konzerthalle spiegelt sich das
Riesenrad

Bild 19 – Die Brücken von Newcastle überspannen den Tyne River

Bild 20 – Am Hadrian's Wall, zwischen Nordsee und Irischer See

Bild 21 – Blick über den Hadrian's Wall in Richtung Schottland

Immer wieder pausieren wir, um über den Wall durch lang gestreckte Ebenen in Richtung Schottland zu schauen.

Bild 22 – Die Landschaft am Hadrian's Wall

Wir können uns nicht satt sehen an den grünen Feldern, den Erhebungen, Hügeln, an denen zottige Rinder und Schafe mit ihren Lämmern weiden.

Bild 23 – Zottige Rinder am Hadrian's Wall

Bild 24 – Schafe hinter dem Hadrian's Wall

An ausgewählten Punkten befinden sich Tafeln, die in Schrift und Bild Aufklärung und vielfältige Informationen liefern.

Jede Ortschaft verfügt über eine eigenständige Touristeninformation. Unentgeltlich werden wir mit Karten, Broschüren und Flyer gefüttert, die uns helfen, fehlendes Wissen anzureichern.

In Blockhäusern sind Filme und Dias zu sehen, in denen die wechselnden Ereignisse der Geschichte anschaulich, leicht verständlich dargeboten werden.

Von Carlisle nach Liverpool bieten sich zwei Möglichkeiten. Entweder den direkten Weg über die Autobahn. Oder erst einmal in Richtung Westen die Landstraße bis Maryport. Danach verläuft sie weiter in Richtung Süden durch Whitehaven.

Wer hier seine Fahrt kurzzeitig unterbricht, den Weg zum Meer sucht, der kann bei schönem Wetter von der Küstenstraße aus zur Isle of Man blicken.

Wenn sich der Tag zum Abend neigt, taucht die rosarote Sonne in die Insel. Dann scheint die Glut des Feuerballs die Insel zu entzünden. Man hat das Gefühl, das letzte der traditionellen Rennen auf der Isle of Man ging gerade zu Ende. Die Feuerstühle verglühen nach der anstrengenden großen Raserei. Nun wird es Zeit, um hinüber zu taumeln in die große, nicht enden wollende Partie und Siegesfeier.

Bild 25

Steighilfe
für Wanderer
am Hadrian's Wall

Bild 26

Blick über den
Hadrian's Wall

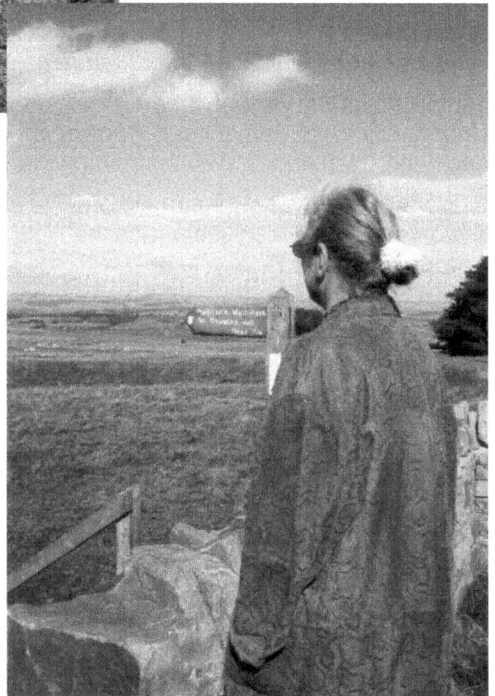

Wir ziehen weiter gen Liverpool.

Eine Stadt, die ich immer mal besuchen wollte. Gehörte sie nicht so wie Glasgow und Manchester zu den Wurzeln der industriellen Revolution? Ort und Ausgangspunkt großer gesellschaftlicher Konflikte gegen Ende des achtzehnten Jahrhunderts. Hier stand die Wiege der technischen Revolution für die moderne Entwicklung, wie sie bis heute anhält.

Aus dieser Stadt kamen die Pilzköpfe. Wie man die Beatles auch nannte. Ihnen zu Ehren wurde in den Docks ein Museum eingerichtet, das die Geschichte der weltbekannten Musikgruppe widerspiegelt. Der Ruhm der vier Musiker führte dazu, dass ihnen durch die Queen der Adelstitel verliehen wurde.

Nicht zu vergessen, der weltbekannte Fußballclub FC Liverpool. Auch er hat Geschichte geschrieben und hat überall seine Idole. Wer kennt nicht Bobby Charlton, der als Spielführer der englischen Nationalmannschaft, vor allem durch die Weltmeisterschaft gegen Deutschland und das bis heute umstrittene Tor von Wimbledon Aufsehen erregte?

Wer vergnügt sich heute nicht gerne in den Bars und Pubs der als touristischer Magnet hergerichteten alten Docks? Den traditionellen Orten, von denen aus die Flotten der Eroberer der Weltmeere und Schiffe der Auswanderer ablegten. Vorbei ist die Zeit der Arbeitskämpfe, in denen die Menschen in diesen Industriemonopolen um ihr Überleben fochten. von denen aus die Flotten der Eroberer der Weltmeere und Schiffe der Auswanderer ablegten.

Bild 27 – Blick von den alten Docks auf das Stadtzentrum von Liverpool

Vorbei ist die Zeit der Arbeitskämpfe, in denen die Menschen in diesen Industriemonopolen um ihr Überleben fochten.

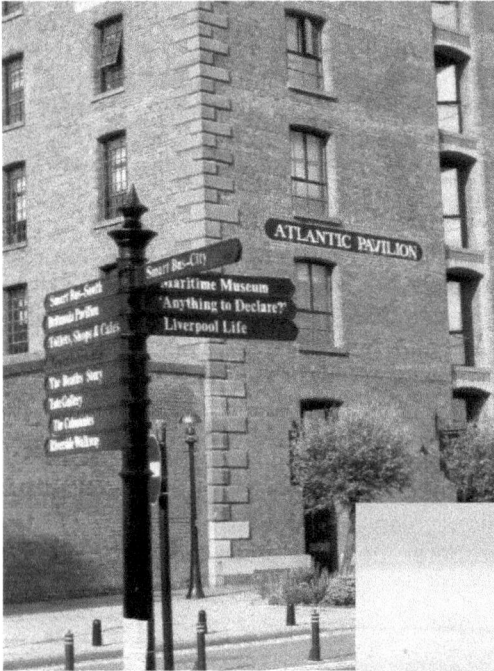

Bild 28

An den Docks
von Liverpool

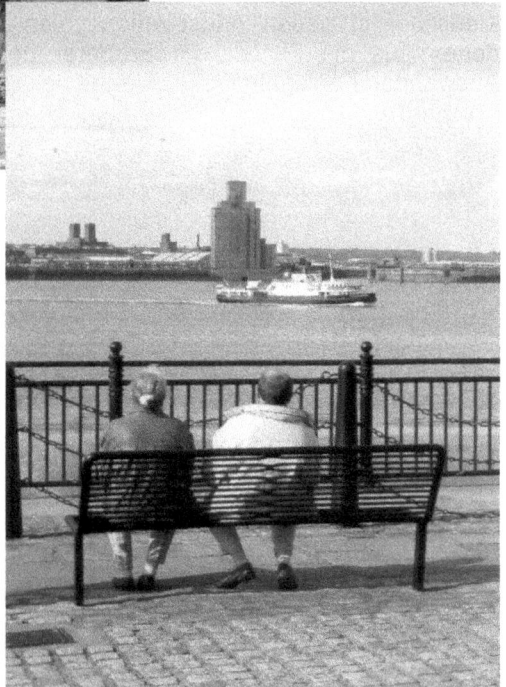

Bild 29

Die Fähre kommt
über den Mersey
von Birkenhead
zu den Docks
von Liverpool

Erinnert sei auch daran, dass nach London (1863) in Liverpool im Jahre 1886 die zweite Metro auf unserem Erdball in Betrieb genommen wurde.

Bild 30 – Die Metro in Liverpool, in der Station James Street

Bild 31 – Details der Gestaltung im Bahnhof der Station Hamilton Square

Unter dem breiten Strom Mersey verbindet sie die Metropole mit der Stadt Birkenhead und bringt die Fahrgäste in die Vororte und Erholungsgebiete wie z.B. nach New Brighton, einem exklusiven Seebad.

Bild 32 – Die Metrostation des exklusiven Seebades New Brighton

Bild 33 – Pavillon auf der Strandpromenade des Seebades New Brighton

Bild 34

Der Leuchtturm
von Liverpool

Bild 35

Im Seebad New Brighton.
Moderne Fahrzeuge
neben Oldtimern,
wie dem Austin
aus den dreißiger Jahren.

Neben modernen Luxuslimousinen sind hier gepflegte verkehrstüchtige
Oldtimer im Straßenbild zu sehen. Wie u.a. den Austin mit Speichen-
rädern aus den dreißiger Jahren.

Und nun, im Jahre 2008, ist Liverpool die europäische Kulturhauptstadt geworden.

Weiter geht's nach Manchester.

Wer kennt nicht den gerippten samtartigen Baumwollstoff, der zeitweise die internationale Mode bestimmte und aufgrund seiner Strapazierfähigkeit immer wieder in das Modegeschehen variantenreich implantiert wird? Die Modeschöpfer bekanntester Modehäuser aus Mailand, Paris, London und New York erinnern sich stets aufs Neue bezüglich seiner vielseitigen Kombinations- und Verwendungsmöglichkeiten.

Welcher Zimmermann und auch Walzgänger trägt nicht voller Stolz einen schwarzen Anzug einschließlich Hut mit breiter Krempe aus Cord der den Namen Manchester alle Ehre bereitet?
Diese Stadt ist in die Geschichte eingegangen.
Als Mittelpunkt der englischen Baumwollproduktion, die es mit ihren wertvollen Tuchen zu Weltruhm gebracht hat, bestimmte sie maßgeblich das Modegeschehen.
Aber auch als Industriestandort, vor allem des Maschinenbaus und der Elektroindustrie in denen hier in Manchester schwerste Kämpfe zwischen dem Monopolkapital und der Arbeiterbewegung ausgetragen wurden.

Lange ist es her, dass diese Stadt zum Sinnbild in der Wandlung der Gesellschaftsordnungen wurde. Hier ist zuerst die feudale Gesellschaft zu Grabe getragen und die Wurzeln der Industrieproduktion fest verankert worden. Die sich dann über den Erdball ausdehnte. Alle Bilderstürmerei war vergebens, diese Entwicklung aufzuhalten.

Seitdem ist viel Zeit vergangen. Kaum eine andere Metropole durchlebte in den letzten zwei Jahrhunderten so viele gravierende, prägende Höhen und Tiefen der gesellschaftlichen Entwicklung wie Manchester.

Heute ist diese Stadt kein Brennpunkt der Ereignisse mehr. Sie hat viel von der großen Anziehungskraft verloren. Zwar strömen nach der zerstörenden Arbeitslosigkeit, die dieses einstige Wirtschaftszentrum lähmte, in seiner Entwicklung in eine Lethargie stürzte, die Stillstand und Rückschritt brachte, wieder viele Menschen alltäglich in diese Stadt. Verwandeln den Hauptbahnhof und das Zentrum in einen quirligen Ameisenhaufen.

Dennoch ist diese Stadt nur noch eine mittelmäßige Stadt ohne besondere Prägung und Ausstrahlung mit etwa einer halben Million Einwohner.

Neben einem gut ausgebautem Strassennetz eröffnet der vielseitige Personennahverkehr schnelle, attraktive und preisgünstige Fahrverbindungen.
Von einem in der Innenstadt zentral gelegenen großem Bußbahnhof verkehren die Fahrzeuge regelmäßig in einem effektiv strukturiertem Netz.

Bild 36 – Manchester, im Stadtzentrum. Über der Erde.

Bild 37 – Manchester, im Stadtzentrum. Unter der Erde.

Bild 38 – Die Metrolink im Straßenbereich

Bild 39 – Die Metrolink auf einem Viadukt

Mitten in der Stadt liegt der Hauptbahnhof als zentraler Knotenpunkt und Achse zu den Großstädten wie Liverpool und Leeds, sowie weiteren wichtigen Städten wie York, Bolten, Preston, Warrington, Nottingham, Birmingham und anderen.

Der Bahnhof ist der wichtigste Ort, der Manchester mit der umliegenden Region verbindet. Von dem aus die Züge in alle Richtungen fahren. Die Menschen und die vielen Arbeitswilligen an jedem Morgen in diese Stadt bringen.

Gleich unter dem Hauptbahnhof befindet sich der Anschlußpunkt zur Metro. Hier wird sie Metrolink genannt und wurde erst im Jahre 1989 in Nutzung genommen. Nur an wenigen Teilstrecken wird sie im Tunnel oder unter der Erde geführt. Meist fährt sie niveaugleich durch das umliegende Gelände oder nimmt gar im Stadtzentrum aufgrund der Gleisführung am öffentlichen Straßenverkehr teil.

Die Metrolink ist ein wichtiges Verkehrsmittel. Verbindet sie doch Manchester mit den Streusiedlungen und Ortschaften im nahe gelegenen Umland.

Über Leeds erreichen wir nach einer siebentägigen Reise wieder unseren Start- und Zielort Newcastle.

Bemerkenswert ist, obwohl wir mehr als achthundert Kilometer auf den Straßen verschiedenster Ordnung, teils bei Regen und Sonnenschein zurücklegten am Auto keine Spur von Verschmutzung erkennbar war. Nicht einmal die bei uns üblichen Ränder der Regentropfen konnten wir auf den Scheiben und dem dunkelblauem Lack unseres Fahrzeuges erkennen. Die Luft ist im Norden Englands, selbst in solchen großen verschrieenen Ballungsgebieten wie Liverpool, Leeds, Wigan, Bradford und Manchester derart sauber und rein, dass keine Rückstände aus der Atmosphäre zu finden sind.

Kurz vor elf fanden wir uns im Terminal ein. Das Fahrzeug wurde ordnungsgemäß übergeben. Niemand nahm es in Augenschein, um nach neuen Kratzern, Beulen oder anderen Schäden zu suchen. Keiner Inspektion wurde der Wagen unterzogen.
Gepäck und den Autoschlüssel nahmen wir mit. Durchschritten den Eingang in die Halle, nachdem sich die große Glastür selbsttätig geöffnet hat.

Nun standen wir an dem Schalter, an dem ein junger Mann uns den Vertrag nebst Schlüssel vor einer Woche aushändigte. Da selbiger Angestellter offenbar gerade nicht im Dienst war, widmete sich ein anderer unserem Anliegen.
Schnell wurde das Programm der Fahrzeugrückgabe abgewickelt.

Er verlangte nach meiner Kreditkarte um den Deposit in Höhe von 500 britischen Pfund auf mein Konto zurück zu buchen. Problemlos lief dieser Vorgang ab.

Uns bleiben noch zwei Stunden bis zum Abflug. Genügend Zeit in aller Ruhe einzuchecken.

*

Nur wenige Meter vom Schalter des Autovermieters entfernt befinden sich die Abfertigungsschalter unserer Fluggesellschaft. Erstaunlich leer ist es in der Halle. Genau besehen befinden sich hier kaum Fluggäste. Angestellte des Flughafens scheinen in der Überzahl zu sein. Obwohl alle fünf Schalter bei easyJet mit Personal besetzt, sind nur zwei Personen zu sehen, die sich offenbar Einschecken wollen.

Über den Boxen befinden sich Schilder mit Informationen. Flugnummer und Flugziel stehen darauf. Sie sind die Quelle der Angaben, die der Passagier benötigt, um sich Orientierung zu verschaffen. An keinem der Schalter von easyJet können wir das Flugziel Berlin-Schönefeld finden. Deshalb suchen wir einen Monitor auf dem alle notwendigen Daten über Flüge, Flugzeiten für die Ankunft und den Abflug ausgeworfen werden.

Obwohl auf unserem Flugschein der Abflug mit fünf Minuten nach dreizehn Uhr angegeben ist, können wir ihn nicht auf dem Bildschirm finden.

Ungläubig gehen wir an einen freien Abfertigungsschalter. Die junge Frau hinter der Brüstung ist offenbar gut informiert.

Wir fragen sie:
„An welchem Schalter erfolgt die Abfertigung für den Flug um 13:05 Uhr nach Berlin?"
„Ihr Flugzeug fliegt heute nicht. Die Maschine aus Berlin ist nicht gekommen. Sie müssen zum Schalter der Fluggesellschaft von easyJet gehen, dort bekommen sie weitere Informationen."

Im gleichen Hallentrakt befindet sich der von uns gesuchte Schalter. Auch hier sitzt eine junge Frau hinter einem Computer. Nachdem wir herantreten widmet sie sich uns sofort.

Wir tragen unser Problem vor. Erklären, dass wir heute am 27. September mit der Flugnummer 6481 um 13:05 Uhr von Newcastle nach Berlin-Schönefeld fliegen wollen. Dieser Flug ist nirgends avisiert. Auf unsere Nachfrage hin, wurden wir vom Abfertigungsschalter an Sie verwiesen.

Die Dame verlangt nach unserem Flugticket. Das legen wir vor. Sie nimmt es an sich. Gibt ein paar Befehle in die Tastatur. Der Computer zeigt ihr ein Bild. Erneut wird die Tastatur bedient. Nachdem sie die Return-Taste drückt springt ein Drucker an. Er wirft einen Flugschein, der fast identisch ist mit dem den ich ihr reichte.

Den Ausdruck legt sie uns mit der Bemerkung vor:
„Ihr Flug ist annulliert. Sie fliegen Morgen zur gleichen Zeit."

Überrascht sehen wir uns an.

„Wir müssen heute noch nach Berlin. Was ist mit dem Flug der heute um 13:05 Uhr sein soll?"
„Diese Maschine fliegt nicht."
„Warum fliegt sie nicht?" Will ich wissen.

Eine Antwort auf meine Frage bekomme ich nicht. Da sie schweigt, erneuere ich meine Anfrage.
Sie wiederholt nur:
„Diese Maschine fliegt nicht. Der Flug ist annulliert."
Mehr ist nicht zu erfahren.
„Wir müssen heute noch nach Berlin." Gebe ich ihr zu verstehen.
Darauf antwortet sie:
„Sie fliegen Morgen um 13:05 Uhr."
Ich will mich damit nicht zufrieden geben und sage nachdrücklich:
„Wir müssen unbedingt heute noch nach Berlin."
Um diese Forderung deutlich zu machen, sage ich ihr:
„Morgen früh um 9^{00} Uhr habe ich einen wichtigen Termin in Berlin wahrzunehmen."
„Heute fliegt keine Maschine mehr nach Berlin."
„Wenn es keinen direkten Flug mehr gibt, besteht dann eventuell die Möglichkeit auf Umwegen nach Berlin zu kommen?"
Auch das verneint sie.

Widerwillig nehme ich den Flugschein.
Mein prüfender Blick verdeutlicht eine Identität zu dem, den ich ihr reichte. Selbst die Werbungen sind gleich. Der Autovermieter Europcar steht wieder oben rechts mit seinem Angebot von 20 % Preisnachlass bei Anmietung eines Fahrzeuges. Im unteren Teil die gleichen Werbetexte. Selbst die farblichen Abstufungen sind identisch mit denen auf dem alten Flugschein. Nur an der Stelle wo das Datum für den Abflug stand, ist nun der neue Tag, der auf Morgen verweist eingetragen. Selbst die Preise sind gleich und stehen an selbiger Stelle.
Den alten und neuen Flugschein nehme ich an mich, mit der Frage:
„Wie geht es nun weiter?"
„Sie fliegen Morgen um 13:05 Uhr. Finden sie sich entsprechend dem Hinweis pünktlich ein."
Das war eigentlich nicht das, was ich wissen wollte.

Deshalb frage ich erneut:
„Wir benötigen Quartier, Verpflegung und telefonieren müsste ich?"

Sie hebt den Arm und deutet mit der Hand auf einen versetzt gegenüber liegenden Schalter:
„Dort drüben bei der Dame können Sie ein Hotel buchen."
„Ich will kein Hotel buchen, sondern easyJet ist verpflichtet uns ein Zimmer in einem Hotel zur Verfügung zu stellen, uns dorthin zu transportieren, für Verpflegung und Rücktransport zum Flughafen zu sorgen."

Sie sah mich so ungläubig an, als wäre eine solche unverfrorene Forderung noch nie aufgetreten. Als wäre eine Forderung in der hier anstehenden Art noch nie an sie herangetragen worden.

Ist vielleicht bei easyJet bisher kein Flug annulliert worden?
Sie schien meine Frage nicht gehört zu haben. Oder ignoriert sie meinen Einwand und verweist uns deshalb erneut an den anderen Schalter?
Nachdringlich wiederhole ich unsere Forderung.
„Wir verfügen über keine Zimmer in Hotels. Wenn sie Übernachtungsmöglichkeiten benötigen, dann müssen sie sich selbst ein Quartier beschaffen."

Da ich nicht das erste Mal mit einem solchen Fall konfrontiert werde, habe ich in der Abwicklung der jetzt anliegenden besonderen Problematik bereits Erfahrungen.

Ich erinnere mich an einen Flug von Berlin über Paris nach Birmingham. Die Maschine, in der ich saß, bekam keine Landeerlaubnis in Paris und kreiste mehrere Male über der Stadt. Dadurch ging viel Zeit verloren, so dass wir verspätet auf dem Flughafen Charles de Gaulle landeten. Infolge dessen konnte ich die Anschlussmaschine nach Birmingham nicht mehr erreichen. Der Schalter war für die Abfertigung bereits geschlossen. Meine Reklamation bei der Fluggesellschaft ergab, dass mir ein Zimmer für die nächste Nacht in einem erstklassigen Hotel vermittelt, die Taxigebühren für Hin- und Rückfahrt sowie die Verpflegung von Air France anstandslos übernommen wurden.

Die abweisende Art und die Arroganz, mit der sich die Mitarbeiterin von easyJet hier des Problems zu entledigen versuchte, reizte mich, dennoch behielt ich die nötige Ruhe und Zurückhaltung.

Sonderbar schien mir, dass während der ganzen Zeit, in der wir hier diskutieren, kein anderer Fluggast nach der annullierten Maschine fragte. Welchen Grund möge das wohl haben?
Es drängen sich viele Fragen auf:
War für diesen Tag überhaupt ein Flug von Newcastle nach Berlin geplant? Hatte man uns vielleicht versehentlich die Flugscheine verkauft? Oder ist dieser Flug bereits vor längerer Zeit wegen zu weniger Passagie-

re gestrichen worden? Wurden nur wir nicht davon unterrichtet?
Weshalb bekommen wir keine Antwort auf die Frage, warum unsere Maschine ausgerechnet an diesem Tag nicht starten wird?

Irgendwann kann ich der Mitarbeiterin von easyJet klar machen, dass ihre Fluggesellschaft die entstehenden Kosten für Übernachtung, Verpflegung usw. zu übernehmen hat. Widerwillig greift sie in eine Schublade ihres Arbeitstisches und reicht mir einen kleinen Zettel auf dem die Anschrift von easyJet vermerkt ist.
„Dorthin können Sie alle Rechnungen einreichen."
„Welche Rechnungen?" frage ich nach.
„Na die Rechnungen für Übernachtung und Verpflegung", entgegnet sie.
„Wir werden keine Rechnungen haben, denn Ihre Fluggesellschaft hat die Kosten dort zu begleichen, wo sie entstehen. Nämlich in dem Hotel, das Sie im Auftrage Ihrer Fluggesellschaft für uns zu beschaffen haben."

Sie sträubt sich und erwidert:
„Sie müssen die Kosten verauslagen und die Rechnungen an diese Adresse schicken, die auf dem Zettel steht."
Mit Nachdruck versuche ich ihr klarzumachen, dass die Fluggesellschaft bei Nichtbeförderung verpflichtet ist, dem Fluggast ein Hotelzimmer zu beschaffen hat, sowie finanzielle Entschädigung und Hilfe anzubieten.
Die Dame hinter dem Schalter versucht meine berechtigten Forderungen abzuwehren. Deshalb wiederholt sie:
„Sammeln Sie die Rechnungen und schicken Sie diese an die Adresse, die ich Ihnen gab."
„Wir haben kein Geld mehr und können kein Hotelzimmer bezahlen."
„Sie werden doch eine Kreditkarte haben?"
„Nein wir haben keine Kreditkarte."
„Dann kann ich Ihnen auch nicht helfen. Von mir können sie kein Hotelzimmer bekommen."

Ich versuche sie in die Situation zu bringen, eine Bestellung für ein Hotelzimmer auszulösen. Deshalb sage ich:
„Würden Sie bitte zu der Dame dort drüben mitkommen, um uns bei der Zimmersuche zu unterstützen?"
„Gehen Sie ruhig zu ihr. Sie hat eine Liste von allen Hotels der Stadt."
Darüber weiß sie also Bescheid. Da ich meine Bitte wiederhole entschließt sie sich, die Tür zu ihrem Verschlag zu öffnen und mitzukommen.

Soweit habe ich es geschafft. Es gelingt mir aber nicht, sie dazu zu bringen ein Zimmer für uns zu bestellen. Im Gegenteil kommt sie mir zuvor und sagt zu der Dame der Zimmervermietung:
„Die Herrschaften benötigen eine Unterkunft für die nächste Nacht. Würdest Du ihnen behilflich sein?"

Kaum hat sie diese Worte gesprochen, verschwindet sie wieder zum

Schalter von easyJet. Und schon sind wir wieder mit unserem Problem allein gelassen.

Das ist also die Unterstützung der Fluggesellschaft wie sie durch die Europäische Union bezüglich der Rechte von Fluggästen gesetzlich geregelt wurde.
Natürlich wusste ich von diesem Gesetz. Auch von seinem Inhalt. Aber was hilft es mir hier in England, wenn ich es nicht schwarz auf weiß bei mir trage? Und erst recht nicht, wenn ich es nicht in englischer Sprache als Beweis oder als Druckmittel vorlegen kann.

Ich bin mit meinem Latein am Ende. Bin der Willkür der Angestellten von easyJet machtlos ausgeliefert. Gebe mich geschlagen und füge mich hilflos. Das, obwohl ich mit Sicherheit weiß, hier wird vorsätzlich das Gesetz gebrochen und wir sind als Fluggäste diesen Machenschaften erbarmungslos ausgeliefert.

Was wäre, wenn wir tatsächlich kein Geld mehr hätten?

Ich darf gar nicht weiter darüber nachdenken. Denn Newcastle verfügt nur über einen relativ kleinen Flughafen mit Nachtflugverbot. Das heißt er wird in den Nachtstunden geschlossen sein. Übernachten auf den Sitzen im Flughafen wäre damit hinfällig.

Wie kann man ohne Geld die Nacht um die Ohren schlagen?
Unter welcher Brücke würden wir schlafen?
Vielleicht wie ein Clochard in Paris kampieren. Nur hat der wenigstens noch ein Fläschchen Rotwein um den Durst zu löschen.

Dumm, dreist und frech. Eine erfolgreiche Methode, mit der Kunden bei dieser Fluggesellschaft behandelt, abgewimmelt und verprellt werden.

Sind die Mitarbeiter an der Front von easyJet darauf spezialisiert? Wurden sie in Sonderlehrgängen geschult und für eine solche Vorgehensweise ausgebildet?

Auf jeden Fall ist dies eine erfolgreiche Methode um lästige Passagiere hilflos zu machen und sie loszuwerden. Jeder wird hier entwaffnet und mit einer gut durchdachten Strategie aus dem Rennen geworfen. Vergleichbar mit einer Kriegslist.

Hilflos verlässt der geschlagene die Bühne des Geschehens.
Degradiert zum Statisten ist er einer Verfahrensweise ausgeliefert, gegen die niemand ankommen kann. Nicht einmal die Polizei könnte dem Opfer helfen und ihm im Moment des Verbrechens zur Seite stehen. Dem Täter hier das Handwerk zu legen dürfte schwierig sein.

Man darf gar nicht darüber nachdenken, welche Auswirkungen das unmögliche Verhalten der Mitarbeiter und die Verfahrensweise einer solchen Fluggesellschaft für die Stadt und das Land, in dem sich ein solcher Vorfall ereignet hat, haben werden.

Wir werden vielen Menschen über unsere Erfahrungen und Erlebnisse in England und mit easyJet berichten. Alle davor warnen, die Dienste dieser Fluggesellschaft, die verbindliche gesetzliche Verpflichtungen ignoriert, sich skrupellos darüber hinweg setzt, in Anspruch zu nehmen. Wir werden sie warnen, um nicht ähnliche unliebsame Erfahrungen machen zu müssen.

Die Folgen sind unabsehbar. Vermutlich wird der Tourismus leiden. Der Umsatz durch ausbleibende Touristen in Newcastle und England wird sich verringern. Einige Fluggäste bei easyJet werden ausbleiben.

Damit sind nicht nur Arbeitsplätze gefährdet.

Die Fluggesellschaft schadet sich, der Stadt, dem Land und ihrem Ansehen durch diese Verfahrensweise selbst.

Wir fügen uns der Bosheit der Ereignisse.

Natürlich haben wir eine Kreditkarte und können damit die Kosten verauslagen. Aber was ist mit Fluggästen, die tatsächlich über keine Geldmittel mehr verfügen? Wo werden sie die Nacht verbringen? Wie verpflegen sie sich, wenn Hunger und Durst sie in den nächsten vierundzwanzig Stunden quälen?

Hinzu kommt, dass weder Rogér noch ich ausreichend Tabletten auf diese Reise mitgenommen haben, um einen weiteren Tag zu überbrükken. Wir leiden beide an Hypertonie. Er dazu noch an Asthma.
Werden wir die vor uns liegenden Stunden schadlos überstehen?

Probleme, mit denen wir nicht gerechnet haben, kommen auf uns zu.

Wir wählen ein Hotel in unmittelbarer Nähe zum Flughafen.
Das *premier travel inn* erscheint uns als das Günstigste. Zu Fuß ist es zu erreichen. Und das steht in drei- bis vierhundert Meter vom Ausgang der Abfertigungshalle entfernt.

Nur unseren Mietwagen vermissen wir, den haben wir nicht mehr. Damit könnte man sonst noch einen Ausflug in die nähere Umgebung unternehmen.

Dafür beginnt der Schienenstrang der Metro mit dem Endbahnhof Airport direkt zwischen Abfertigungshalle und Hotel und führt den Reisenden von hier in das Herz der Stadt Newcastle. Dort können wir bummeln gehen und den Nachmittag verbringen.

Doch zuvor müssen wir uns im Hotel anmelden und unser Reisegepäck deponieren.
Wie sich herausstellt ist auch das nicht so einfach. Auch hier sind Hürden aufgestellt, die es zu überwinden gilt.

Es beginnt mit der Anmeldung.
Niemand ist in der Rezeption.
Eine Klingel steht auf dem Tresen neben einer Vase mit Kunstblumen.
Nach einer zumutbaren Wartezeit schlage ich mehrfach auf den Knauf der Klingel.
Nichts rührt sich.
Eine angemessene Zeit verstreicht bis wir erneut die Klingel ertönen lassen.
Wir wiederholen den Vorgang ein drittes Mal.
Niemand kommt.

Durch eine Glastür ist eine Reinigungskraft im Hotelrestaurant beim Staub saugen zu beobachten. Ich stoße die Tür auf, gehe zu ihr und frage nach dem Personal der Rezeption.

Motiviert ruft sie nach William.

Ein junger Mann zeigt sich durch die Tür hinter dem Schanktisch.
„Die Leute wollen zu Kate."

Der junge Mann wendet sich zu mir.
„Was wünschen sie?"
„Wir möchten hier übernachten und uns anmelden."
„Einen Augenblick bitte."

Die Frau mit dem Staubsauger hat ihr Arbeitsgerät abgestellt und wischt mit einem Lappen über die Barhocker. So lässt sich das folgende Gespräch auch besser belauschen.

Stimmen aus dem angrenzenden Nebenraum sind zu vernehmen.

Der junge Mann führt mich in den Raum. Es ist ein weiterer Gastraum. Drei Frauen sitzen dort gemütlich schwatzend, mit übereinandergeschlagenen Beinen, Zigaretten rauchend, je eine Tasse Kaffee vor sich, als wären sie Gäste, die sich hier die lange Weile vertreiben.

Wie sich herausstellt ist dies das Hotelpersonal.

Als William mit mir in den Raum tritt, verstummen sie.
„Hier sind Gäste die möchten sich anmelden", sagt er bestimmt zu den Damen so, als wäre er der Boss.

Sofort werden die Kippen im Aschenbecher ausgedrückt.
Zwei der Frauen verschwinden in verschiedene Richtungen.
Die dritte bittet mich ihr zu folgen.

An der Rezeption stellt sich heraus, dass wir bereits durch die vermittelnde Dame im Flughafen avisiert wurden.

Beiläufig denke ich, eine Arbeitsmoral, die mir bekannt vorkommt.
Die Formalitäten sind schnell erledigt. Wir bitten um die Zimmerschlüssel.

„Die Zimmer stehen erst ab vierzehn Uhr zur Verfügung." So kommt es aus dem Mund der Hotelangestellten.

Ein Blick zur Uhr verrät die Zeit. Es ist zwölf Uhr dreißig.
„Sie können sich bis dahin in das Restaurant setzen."

Sollte das der Warteraum sein, in den unliebsame Gäste befördert werden, in dem wir unsere Zeit jetzt totschlagen müssen?
Wir haben nicht die Absicht.

Ich frage nach einem Bagage-Room.
Jedes vernünftige Hotel verfügt schließlich über einen solchen Raum, in dem die Gäste ihr Gepäck zur Aufbewahrung zeitweilig abstellen können.
„Wir haben keinen Bagage-Room", antwortet die Dame mit spitzer Zunge und schnippischen Ton.
„Wo können wir unser Gepäck abstellen? Geht es vielleicht hier in der Rezeption?"
„Nein das ist nicht möglich."
Dann wiederholt sie sich.
„Nehmen sie bis vierzehn Uhr in dem Restaurant Platz. Dort können sie auch zu Mittag essen."

Ist diese Verfahrensweise hier so üblich? Diese Frage drängt sich mir auf. Oder sind wir vielleicht erst ab vierzehn Uhr als Hotelgäste zu behandeln und haben ab diesem Zeitpunkt erst Anspruch darauf als solche behandelt zu werden? Würde uns vielleicht auch ab vierzehn Uhr neben dem dann zu bezahlenden Zimmer ein Bagage-Room bis zu unserem ausschecken zur Verfügung stehen? Antworten hierauf sind nicht zu erwarten. Deshalb behalte ich die Fragen für mich.

Es ist zwar Mittagszeit, aber wir haben nicht den Eindruck als würde dort bereits die Küche arbeiten. Auch zu essen wird kaum etwas zu bestellen sein. Schließlich arbeitet die Reinigungskraft immer noch in diesem Raum. Der eingeschaltete Staubsauger verriet diese Aktivitäten.

Außer uns scheinen zu dieser Zeit auch keine anderen Gäste weder im Hotel noch im Restaurant zu sein.

Ein Blick auf das Schlüsselbord verriet dass alle Schlüssel am Brett hängen und bestätigte diese Annahme.

Widerstandslos fügen wir uns und gehen ins Restaurant. Nach kurzer Zeit endet das monotone lästige Motorgeräusch des Reinigungsgerätes. Die Putzfrau verschwindet.

Stattdessen kommt der junge Mann wieder durch die Türöffnung und betätigt sich aktiv mit putzen von Gläsern hinter dem Schanktisch. Ab und zu wirft er einen Blick zu uns.

Wir hatten auf einer Empore, etwa zehn Meter vom Tresen entfernt, an ei-

nem Tisch Platz genommen. Von hier aus lässt sich alles gut über-
schauen. Bedienungspersonal ist nirgends zu entdecken. Auch der junge
Mann gibt nicht zu erkennen, für eine solche Dienstleistung zuständig zu
sein. Und so begebe ich mich selbst zu ihm an die Theke.
„Kann ich Ihnen helfen?" Lautet seine Frage.
„Ja. Wir würden gern zu Mittag essen."
„Warme Speisen gibt es erst am Abend. Jetzt kann ich Ihnen Sandwich
anbieten."

Ungewöhnlich erscheint mir dieser Service in einem Hotel der gehobenen
Klasse am Airport. Verkneife mir aber abfällige Bemerkungen über ein
doch übliches internationales Niveau. Hier in England ist offenbar vieles
anders.

Höflich erwidere ich:
„Einen Augenblick bitte, ich muss erst nachfragen."

Am Tisch diskutieren wir das Problem und entschließen uns für Sandwich.

Als Bote der Information begebe ich mich erneut zum Tresen, um zu
bestellen.
„Womit sind die Sandwichs belegt?"
„Sie können es mit Käse oder Wurst haben."
„Wir würden zwei mit Käse und eins mit Wurst nehmen."
„Möchten Sie dazu etwas trinken?"
„Ja, bitte einen Kaffee mit Sahne und zwei schwarze Tee mit Sahne."
„Warme Getränke gibt es erst ab sechzehn Uhr."
„Warum nicht jetzt?" entgegne ich erstaunt.
„Die Küche arbeitet noch nicht. Unser Koch kommt erst zu dieser Zeit."
Aus meinem Gesichtsausdruck scheint er die Verwunderung zu erkennen.
Deshalb fügt er hinzu:
„Teatime ist bei uns um siebzehn Uhr!"

Das ist eben England, schoss es mir durch den Kopf und antworte:
„Dann nehmen wir drei Cola."
Der junge Mann verschwindet durch die Türöffnung.

Meine Gedanken gehen zeitlich voraus. Schließlich soll am nächsten Tag
in Berlin eine Veranstaltung beginnen, auf der ich ab neun Uhr als Dozent
vor einem Fachpublikum auftreten muss. Diese Weiterbildung ist für drei
aufeinander folgende Tage angesetzt, die ich zu füllen habe. Der Vertrag
mit dem Veranstalter ist bereits vor einem halben Jahr unterschrieben
worden.

Da wir davon ausgegangen sind, pünktlich zu landen, wäre genügend Zeit
noch einmal in die aufbereiteten Vortragsunterlagen zu schauen, um richtig bestehen zu können.

Weder die Telefonnummer noch die Anschrift des Veranstalters habe ich verfügbar. Wer rechnet schon damit, dass die Fluggesellschaft ihrer Verpflichtung nicht nachkommt und uns nicht nach Berlin zurück bringt? Eine solche Pleite war nicht vorauszusehen. Die Folgen aus der Annullierung des Fluges durch easyJet sind unübersehbar.

Gedanken martern mein Gehirn.

Was kann ich tun? Nochmals begebe ich mich zur Rezeption. Auf jeden Fall sollte ich versuchen, den Veranstalter des Seminars zu erreichen. Er muss unbedingt benachrichtigt werden. Mir ist klar, dass es keinen anderen Dozenten geben wird, der hier einspringen und mich vertreten kann. Dennoch sehe ich meine Pflicht in der Benachrichtigung. Natürlich wird kaum noch jemand von den Teilnehmern zu erreichen sein. Schließlich kommen sie aus allen Teilen der Bundesrepublik und werden bereits am Vortag anreisen.

Eine katastrophale Situation in die mich die Annullierung des Fluges und Nichtbeförderung durch die Fluggesellschaft easyJet bringt.

Auch an der Rezeption komme ich nicht voran. Über die internationale Telefonauskunft muss ich versuchen, die benötigte Nummer zu erfahren. Meine Bitte Telefonieren zu dürfen wird mit den Worten zurückgewiesen: „Ich habe hier nur meinen Apparat und der ist nur für Dienstgespräche des Hotels vorgesehen. Haben Sie kein Handy?"

„Nein."

Ich hasse Handys, weil sie jede Kommunikation stören und auf eine Urlaubsreise würde ich grundsätzlich keins mitnehmen, um den Erholungswert einer solchen Reise von vornherein nicht zu gefährden.

„Ab vierzehn Uhr steht Ihnen Ihr Zimmer zur Verfügung, dort haben Sie dann ein Telefon, von dem aus Sie Ihre Privatgespräche führen können", fügte sie höflich, bestimmt mit arroganter Miene hinzu.

Mir läuft die Zeit davon, um noch irgendetwas zu retten. Auch später erreiche ich niemanden beim Veranstalter.

Viel Zeit ist drauf gegangen und enorme Telefonkosten sind entstanden. Der Erfolg war gleich Null.

Mir fällt auf, dass ich gar nichts in der Hand habe, das die Annullierung des Fluges bestätigt. Deshalb gehe ich später noch einmal in die Abfertigungshalle an den Schalter von easyJet.

Hier stellt sich das nächste Problem ein. Die Mitarbeiterin, die kommentarlos unsere Umbuchung für den Folgetag vollzogen hatte, ist nicht mehr im Dienst. Die Dame, die jetzt dort arbeitet, ist nicht bereit mir ein formelles Schreiben auszuhändigen, das die Annullierung des Fluges bestätigt. Stattdessen wiederholt sie mehrfach:

„Ihr Flug findet morgen statt. Dafür haben Sie doch eine Buchung."

Aus allem was wir in den Händen halten ist aber nicht zu ersehen, dass

der planmäßige Flug gestrichen und deshalb eine Umbuchung für den Folgetag durch easyJet vorgenommen wurde. Darüber hinaus verlange ich erneut nach einer schriftlichen Bestätigung, weshalb der Flug annulliert wurde.
Doch die Frau am Schalter stellt sich stur. Rückt keine Informationen raus. Stattdessen wiederholt sie erneut:
„Ihr Flug findet morgen statt. Dafür haben Sie eine Buchung."
Dann fügt sie noch hinzu:
„Mehr kann ich nicht für Sie tun."

Im Geiste sehe ich schon Schadensersatzansprüche auf mich zukommen. Für einen solchen Fall bin ich natürlich nicht versichert. Hoffentlich sind diese an den Verursacher, hier easyJet weiterzuleiten. Und wie lässt sich eine Schuld von easyJet nachweisen, wenn ich dieses Schuldeingeständnis nicht verfügbar habe.
Neben dem Ausfall meines Honorars sehe ich mehrere Prozesse auf mich zukommen.

Auf jeden Fall werde ich mir meinen Vertrag mit dem Veranstalter bezüglich einer eventuellen Haftpflicht sofort durchsehen, wenn wir wieder in Berlin sind.

Wir fahren zwar an dem späten Nachmittag noch mit der Metro in das Stadtzentrum. Da meine Gedanken aber immer wieder um die Probleme der nächsten Tage und die nichtabsehbaren Folgen kreisen, sind die verbleibenden Stunden kein Vergnügen.
Bei der Betrachtung der Querelen dieses Tages reift in mir der Gedanke:

Nie wieder easyJet!

Nach dem Frühstück bleibt noch ausreichend Zeit uns mit verschiedenen Dingen zu beschäftigen bevor wir unsere Rechnung im Hotel begleichen.

Wie von der Fluggesellschaft festgelegt, erscheinen wir zwei Stunden vor Abflug des Fluges in der Abfertigungshalle. Auch an diesem Tage sind um diese Zeit nur wenige Leute in dem Gebäude zu sehen. An den von easyJet geöffneten Schaltern für unseren Flug stehen keine Fluggäste. Eigenartig diese Situation. Sollte auch der Flug annulliert sein?
Nein, weit gefehlt.
Das Einschecken geht unglaublich schnell. Mit dem Erhalt der Bordkarten, werden wir aufgefordert uns in die Transitzone zu begeben.

Auch hier gähnende Leere. Unser Handgepäck, Kleidung und Hosentascheninhalte durchlaufen ohne jede Beanstandung das Sichtgerät. Desgleichen die obligatorischen Körperkontakte mit den magnetischen Suchgeräten und die Pass- und Sichtkontrollen werden so reibungslos abgewickelt, dass mich diese Vorgänge nachdenklich stimmen. Ich gewinne den Eindruck, als wolle man uns so schnell wie möglich loswerden. Natürlich habe ich nichts dagegen. Aber welchen Grund gibt es für eine derartige großzügige, in meinen Augen bevorzugte Behandlung?

Der Eindruck wird dadurch vertieft, weil sich nach dem Durchlaufen der Passkontrolle eine Flughafenbedienstete zu uns gesellt und vorgibt, uns schnell zum Abfluggate zu begleiten.
Durch menschenleere, fensterlose schmale Flure und sonst offenbar verschlossene Türen gelangen wir in einen von Menschen überfüllten Raum.
Hier gibt es Fenster durch die ein Blick auf das Rollfeld möglich ist. Doch alle sind geschlossen. Die Luft ist sauerstoffarm. Das Atmen fällt schwer. Warm und stickig ist es hier. Ein Problem für Evelyn und Rogér. Schnell leiden sie an Atemnot. Zum Glück durften sie ihre Geräte im Handgepäck behalten. Sprühstöße unterstützen ihre Lungenfunktion.
Wie lange werden wir hier ausharren müssen? Dicht gedrängt sitzen die Menschen zumeist auf dem nackten Fußboden. Der Vergleich zu einem Viehtransport ist nahe liegend. Was nehmen Menschen nur alles auf sich um billig fliegen zu können?

Beim Anblick dieser menschenunwürdigen Behandlung meißelt sich erneut in mein Gehirn:

Nie wieder easyJet!

Wir haben noch drei Stehplätze in der Nähe der Ausgangstür zum Rollfeld gefunden. Stützen oder anlehnen an eine Wand ist nicht möglich.
Die besseren Plätze an den Wänden sind schon alle besetzt.
Irgendwann hat auch die Sehnsucht nach frischer Luft und die sinnlose Quälerei ein Ende. Dann öffnet sich die Tür und alle werden wieder in die Freiheit entlassen.

Bisher blieb das nur ein Traum.
Doch dann regt sich etwas. Die drei Frauen, in dunkelblauer Uniform mit der Mine und Kleidung von Aufseherinnen in einer Untersuchungshaftanstalt erheben sich von den Kisten, die sie an der Tür kontrolliert besetzt halten.

Leute des Bodenpersonals haben in Abständen zueinander auf dem Rollfeld Aufstellung genommen. Als wollten sie ein Spalier bilden.
Zwei Männer mit Listen in den Händen kommen von draußen zur Tür.
Die Schließerinnen im Raum öffnen, anders als im Gefängnis, geräuschlos. Die hohe, schmale gläserne Pforte wird geöffnet.

Beim Durchlass zum Rollfeld stellen sich Probleme ein.
Obwohl wir in Türnähe stehen, werden wir am Ausgang gehindert und zurückgewiesen. Uns fehlt der erforderliche Vermerk auf der Bordkarte, der offensichtlich zur bevorzugten Behandlung erforderlich ist.

An die Seite gedrängt lassen wir die Menschenmasse an uns vorbei ziehen.
Kein schöner Anblick, der sich uns bietet.
Stumpfe Blicke treffen mich.
Müde, scheinbar willenlos, sprachlos, erniedrigt fügen sie sich ihrem Schicksal. Schweigsam, wie ein riesiger Wurm bewegen sie sich lautlos. Vergleichbar mit einer Kolonne Kriegsgefangener auf dem Weg zum Abtransport in Güterwagen, wie ich sie im zweiten Weltkrieg beobachtet habe, ziehen sie zu ihrem Transportmittel. Bleich, mit gesenktem Haupt, sprachlos ohne Willen. Gebrochen, ihrer Ehre beraubt, fern von jeder Menschenwürde so ziehen sie, die Schuhe schleifend über den Beton.

Fast als Letzte werden wir auf das Rollfeld gelassen. Gelangen natürlich auch erst zum Schluss in die Kabine des bereitgestellten, gut gefüllten Bauches des Flugkörpers.

Plätze sind vereinzelt noch frei. Ganz hinten ist es günstiger.
Zwei nebeneinander, ein dritter auf der gegenüberliegenden Seite. Bevor sich ein freier Raum in einem Fach über den Sitzen findet, werden wir vom Kabinenpersonal aufgefordert Platz zu nehmen und uns anzuschnallen.

Die Maschine bewegt sich bereits, während wir das Handgepäck aus Ermangelung freier Kapazität in den Staukästen, vor uns zwischen den Sitzen und Füßen verstauen. Sehr unbequem, zumal die Beinfreiheit alles andere als großzügig bemessen ist.

Über den Köpfen der Passagiere läuft auf den Bildschirmen bereits das übliche Informations- und Sicherheitsprogramm. Synchron verdeutlicht eine Stewardess in der Art der Gebärdensprache das laufende Bild mit einer Schwimmweste und einer Beatmungsmaske in den Händen wild gestikulierend. Der Parallellauf erscheint grotesk.

Ich will diesen bewegten Bildern entkommen und nehme Abschied von Newcastle durch einen Blick aus dem Fenster. Schnell hebt die Maschine ab und bringt mich einer ungewissen Folge neuer Ereignisse näher.

In Berlin angekommen suchen wir als erstes Kontakt zu Mitarbeitern am Informationsschalter des Flughafens Berlin-Schönefeld.

Hier liegen keine Informationen zum Ausfall des Fluges mit der Nummer 6481 von Newcastle nach Berlin vom Vortag vor.

Die Dame drückt uns einen Flyer, der über die geltenden Fluggastrechte informiert, in die Hand. Sie sind für alle Fluggesellschaften verbindlich, die Passagiere innerhalb, sowie von und zu Flughäfen der Europäischen Union befördern. Wir sollen unsere Forderungen schriftlich bei der Fluggesellschaft easyJet geltend machen. Mehr ist hier nicht zu erfahren. Auch ein Gang zum Schalter der Fluggesellschaft von easyJet bringt keinen weiteren Fortschritt.

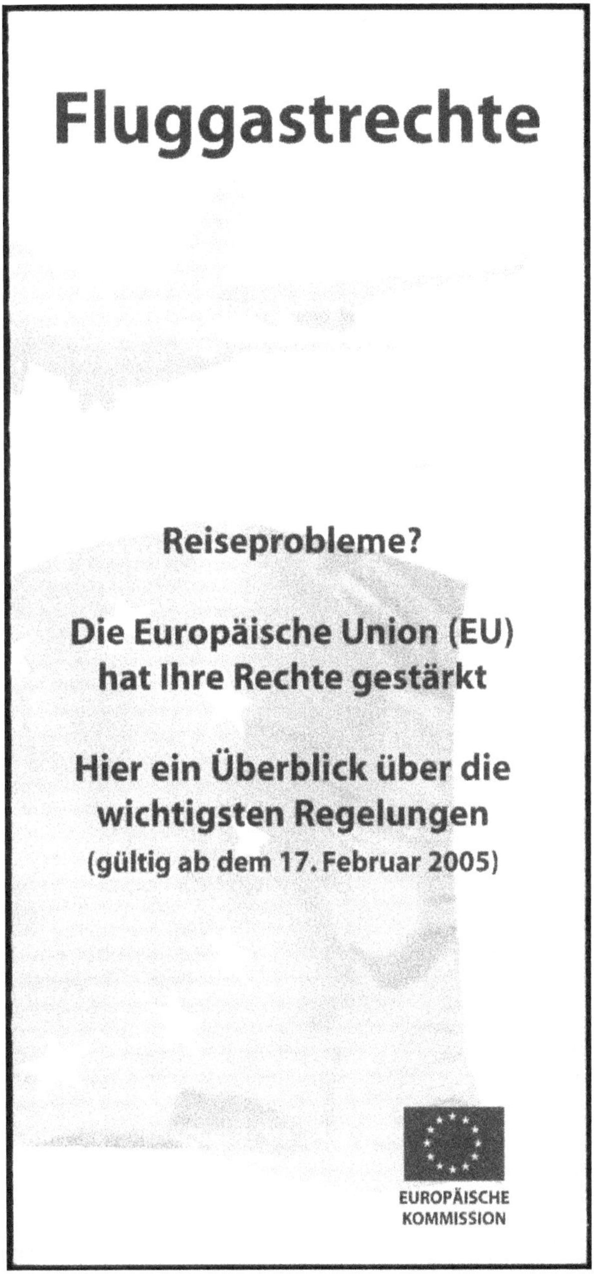

Fluggastrechte

Reiseprobleme?

**Die Europäische Union (EU)
hat Ihre Rechte gestärkt**

**Hier ein Überblick über die
wichtigsten Regelungen**
(gültig ab dem 17. Februar 2005)

EUROPÄISCHE
KOMMISSION

Bild 40

Titelblatt
des Flyers
- Fluggastrechte -
der
Europäischen Union
mit verbindlichen
Regelungen
über die Rechte
von Flugreisenden

Als Einführung in den Flyer wurde folgender Text gewählt:

„Die Europäische Union hat zur Gewährleistung einer fairen Behandlung von Flugreisenden eine Reihe von Rechtsvorschriften erlassen.
Die Gesellschaft mit der sie fliegen, ist für Sie und Ihr Gepäck verantwortlich und muss Ihre Rechte als Fluggast achten."

In dem Flyer heißt es weiter:

„Die Fluggastrechte gelten auf Linien- und Charterflügen im Inlands- und im internationalen Verkehr, und zwar sowohl für Fluggesellschaften mit vollem Bordservice als auch für Billigfluggesellschaften."

Das bedeutet also, dass alle Fluggesellschaften bezüglich der Rechte und Pflichten gleichgestellt sind. Es bedeutet auch, dass es für Billigflieger wie easyJet keine Ausnahmen oder Sonderregelungen gibt.

Jeder mit einer Fluggesellschaft eingegangene Vertrag umfasst Rechte und Pflichten, die vom Grundsatz erst einmal den in der EU vorgegebenen Rechtsvorschriften für das Fluggastrecht folgen müssen.

Unabhängig davon können Fluggesellschaften zusätzliche Vertragsbedingungen, die für ihre Fluggesellschaft gelten, erlassen. Sie dürfen aber nicht den einschlägigen EU-Rechtsvorschriften widersprechen oder diese unterlaufen.

So heißt es in dem Flyer weiter:

„Der mit einer Fluggesellschaft eingegangene Vertrag umfasst weitere Rechte und Pflichten. Diese Vertragsbedingungen sind bei Fluggesellschaften und Reisebüros erhältlich."

Ich glaube nicht, dass ich in einem Reisebüro die Vertragsbedingungen für Billigflieger, insbesondere der Fluggesellschaft easyJet, erhalten kann.

Denn in den Reisebüros, die von mir kontaktiert wurden, werden keine Flugscheine von easyJet verkauft.

Aber vielleicht haben der Verfasser des Flyers und der Gesetzgeber in der Annahme, dieser Vertrieb könnte aus Ermangelung anderer Geschäfte auch einmal zum Verkaufsgegenstand der Reisebüros werden, diese Formulierung so aufgenommen.

Schließlich kann jeder auch in einer Tankstelle Schnaps und Bier erwerben. Oder im Bäckerladen an der nächsten Ecke die neueste Tageszeitung und beim Weinhändler Käsespezialitäten aus aller Welt einkaufen.

Was unser Problem betrifft, so gibt der Flyer unter dem Begriff Annullierung folgende Erläuterung:

„Wird ihr Flug annulliert muss Ihnen die befördernde Fluggesellschaft anbieten:

° *die Wahl zwischen Erstattung des Ticketpreises (und notfalls einem kostenlosen Rückflug zum Abflugort) oder anderweitiger Beförderung zum Zielort und*

° *Mahlzeiten, Getränke, notfalls Hotelunterkunft (inklusive Transfer) sowie Möglichkeiten zur Telekommunikation.*

Die Fluggesellschaft muss Ihnen außerdem die gleiche Höhe an Entschädigung wie für Nichtbeförderung gewähren, es sei denn, sie würden vorab rechtzeitig und ausreichend informiert und es wurde Ihnen eine anderweitige Beförderung kurz nach der ursprünglichen Abflugzeit angeboten."

Die Entschädigungen welche durch die Fluggesellschaft zu leisten sind, werden im Flyer wie folgt angegeben:

„° *250 € bei Flügen unter 1500 Kilometer,*

° *400 € bei längeren Flügen innerhalb der EU und anderen Flügen zwischen 1500 und 3500 Kilometer,*

° *600 € bei Flügen über 3500 Kilometer außerhalb der EU."*

Über die Erstattung der Entschädigungen ist folgende Regelung getroffen und im Flyer abgedruckt:

„Entschädigungen oder Erstattungen müssen bar, per Überweisung, per Scheck oder – mit Ihrem schriftlichen Einverständnis – in Form von Reisegutscheinen innerhalb von 7 Tagen geleistet werden.
Werden Ihnen diese Rechte vorenthalten, wenden Sie sich unverzüglich mit einer Beschwerde an die Fluggesellschaft, die den Flug durchführt."

Ergeben sich durch Nichtbeförderung oder Annullierung spätere Ansprüche, so ist folgendes geregelt:

„Ist – unabhängig von Start- und Zielort – eine EU-Fluggesellschaft für die Verspätung eines Fluges verantwortlich, können Sie bis zu 4150 SZR* für jeglichen entstandenen Schaden einfordern. Falls die Fluggesellschaft den Schadensersatzforderungen nicht nachkommt, steht Ihnen der Rechtsweg offen.
Sie können diese Schadensersatzforderungen an die Fluggesellschaft richten, mit der Sie einen Beförderungsvertrag haben, oder an die Gesellschaft die den Flug durchführte."

* 1 SZR etwa 1,18 € (ist veränderlich und wird zeitlich neu bestimmt)

Um zu seinem Recht zu kommen und bei Nichterfüllung berechtigter Forderungen durch die Fluggesellschaft ist es angeraten, systematisch vorzugehen. Der Flyer gibt dafür einen geeigneten Fahrplan vor, wie er aus der folgenden Dokumentation ersichtlich ist.

Was ist zuerst zu tun?

Sind Sie mit einem der in diesem Merkblatt genannten Probleme konfrontiert, sollten Sie den Vertreter der Fluggesellschaft, die Ihren Flug durchführt, unverzüglich auffordern, sich Ihrer Sache anzunehmen.

Nächste Schritte

Im Fall von Nichtbeförderung, Annullierung oder einer großen Verspätung und der Nichterfüllung von Pflichten durch die Fluggesellschaft sollten Sie sich bei dem zuständigen nationalen Aufsichtsorgan beschweren.

Startet Ihr Flug in einem Land der EU, so richten Sie Ihre Beschwerde an die Stelle in dem betreffenden Land. Bei Flügen mit Ziel innerhalb der EU, die aber von einem Flughafen außerhalb der EU starten und von einer EU-Fluggesellschaft durchgeführt werden, richten Sie Ihre Beschwerde an die Stelle in dem Land des Zielflughafens.

Name und Adresse der betreffenden Stelle sowie Angaben zu Organisationen, die bei anderen Beschwerden (z. B. Gepäck, Verletzung oder Tod, Pauschalreisen) beraten und Hilfe leisten, sind erhältlich unter EuropeDirect Freephone*,

Tel. **00 800 6 7 8 9 10 11**, oder über

E-Mail: **mail@europe-direct.cec.eu.int**

Angaben zu Ihrer Beschwerde nimmt auch die Europäische Kommission, Generaldirektion Energie und Verkehr, B-1049 Brüssel, entgegen [Fax (32-2) 299 10 15, oder E-Mail: tren-aprights@cec.eu.int].

EUROPE DIRECT

* *Einige Mobilfunkbetreiber gewähren keinen Zugang zu 00800 Nummern oder berechnen eine Gebühr. In bestimmten Fällen entstehen Gebühren bei Anrufen aus Telefonzellen oder Hotels.*

Bild 41

Auszug aus dem Flyer - Fluggastrechte - der Europäischen Union als Wegweiser bei der Rechtssuche

Im Flyer heißt es abschließend:

„Dieses Merkblatt gibt einen Überblick über die einschlägigen EU-Rechts-vorschriften. In Streitfällen sollte jedes Vorgehen ausschließlich auf die betreffenden Rechtstexte gestützt sein, die im Amtsblatt der Europäischen Union veröffentlicht wurden.

° Ausgleichs- und Unterstützungsleistungen für Fluggäste im Fall der Nichtbeförderung und bei Annullierung oder großer Verspätung von Flügen: Verordnung (EG) Nr. 261/2004, Abl. L 46 vom 17.2.2004.

° Haftung von Luftfahrtunternehmen ...“

Wir wollen entsprechend der im Flyer vorgegebenen Schritte vorgehen.

Zu Hause angekommen, suche ich sofort den Vertrag über die Durch-führung der Veranstaltung, auf der ich heute als Dozent verpflichtet war, aus meinen Unterlagen. Schließlich fällt ein Seminar für drei Tage aus.

Einen Passus zu Regressforderungen an mich durch den Vertragspartner kann ich nicht finden. Dennoch bleibt der fade Beigeschmack in meiner Kehle, wenn ich über die Konsequenzen für alle Beteiligten nachdenke.

Dadurch, dass ich nichts schriftliches zur Annullierung des Fluges vorwei-sen kann, ist meine Dozententätigkeit als Honorardozent gefährdet. Das Vertrauen ist zerstört. Mein Image leidet und wird durch diesen Vorfall er-heblich beschädigt. Ein über Jahre aufgebautes und gewachsenes Ver-trauensverhältnis zwischen meinen Vertragspartnern und mir wird von einem Tag zum Anderen vernichtet. Die Ursache ist die Nichtbeförderung trotz bestehen eines Vertrages mit einer für mich jetzt fragwürdigen Flug-gesellschaft. Es entsteht ein ideeller Schaden, der auch durch einen finanziellen Ausgleich nicht mehr behoben werden kann.

Ich bekomme keinen Vertrag mehr wegen fehlender Glaubwürdigkeit. Gleiches gilt für meinen Vertragspartner. Auch sein Tätigkeitsfeld wird un-übersehbar eingetrübt.

Der erlittene Vertrauensverlust führt zur enormen Geschäftsschädigung. Wie ich später erfahre, erwachsen dem Veranstalter der Art viele Pflichten und Unannehmlichkeiten, dass ein erneutes Vertragsverhältnis mit mir nicht mehr in Erwägung gezogen wird.

Der entstandene materielle Schaden ist erheblich. Viele Kosten, mehr als 50 000 € Schadensersatzforderungen an den Veranstalter durch Rück-zahlung der Teilnahmegebühren, Miet-, Hotel-, Beförderungs-, Verwal-tungs- und Betreuungskosten müssen beglichen werden.

Auch ich bekomme kein Ausfallhonorar. Eine Versicherung für einen solchen Schadensfall besteht nicht.

Doch wäre Schadenbegrenzung nach dem Gesetz bedingt möglich.

Das verdeutlicht auch der Flyer unter dem Stichwort:

Ergeben sich durch Nichtbeförderung oder Annullierung spätere Ansprüche.

Dort ist folgendes geregelt:

„Ist – unabhängig von Start- und Zielort – eine EU-Fluggesellschaft für die Verspätung eines Fluges verantwortlich, können Sie bis zu 4150 SZR* für jeglichen entstandenen Schaden einfordern. Falls die Fluggesellschaft den Schadensersatzforderungen nicht nachkommt, steht Ihnen der Rechtsweg offen.
Sie können diese Schadensersatzforderungen an die Fluggesellschaft richten, mit der Sie einen Beförderungsvertrag haben, oder an die Gesellschaft die den Flug durchführte."

* 1 SZR etwa 1,18 € (ist veränderlich und wird zeitlich neu bestimmt)

Umgerechnet ergibt das einen einklagbaren Anspruch von 4897 Euro.

Für meinen Vertragspartner wäre das ein Tropfen auf den heißen Stein. Dennoch könnte er so etwa ein zehntel seines Verlustes Abdecken.

Aber ist dies überhaupt möglich. Oder gilt dieser Rechtsanspruch nur für den unmittelbar Geschädigten.
Dann könnte ich zumindest versuchen meinen Honorarausfall zu decken.

Trotzdem bleibt natürlich der entstandene Vertrauensverlust und der damit verbundene abrupte Abbruch einer über viele Jahre gut funktionierenden Zusammenarbeit.

Unabhängig von all diesen Problemen widme ich mich erst einmal den Schadensersatzforderungen wie sie uns gemäß den Angaben im Merkblatt der Europäischen Union offeriert werden.

Dort heißt es (vergl. Auf den Seiten 94 und 95):

„Wird ihr Flug annulliert muss Ihnen die befördernde Fluggesellschaft anbieten:

° die Wahl zwischen Erstattung des Ticketpreises (und notfalls einem kostenlosen Rückflug zum Abflugort) oder anderweitiger Beförderung zum Zielort und

° Mahlzeiten, Getränke, notfalls Hotelunterkunft (inklusive Transfer) sowie Möglichkeiten zur Telekommunikation.

Die Fluggesellschaft muss Ihnen außerdem die gleiche Höhe an Entschädigung wie für Nichtbeförderung gewähren, ..."

Für die Entschädigung in unserem Falle gilt (vergl. S. 95):

„° 250 € bei Flügen unter 1500 Kilometer, ...“

Wie lautete noch die Verfahrensweise, die im Merkblatt – Fluggastrechte – vorgegeben ist (vergl. S. 95):

„Entschädigungen oder Erstattungen müssen bar, per Überweisung, per Scheck oder – mit Ihrem schriftlichen Einverständnis – in Form von Reisegutscheinen innerhalb von 7 Tagen geleistet werden.
Werden Ihnen diese Rechte vorenthalten, wenden Sie sich unverzüglich mit einer Beschwerde an die Fluggesellschaft, die den Flug durchführt.“

Den ersten Teil der Verpflichtung, die da lautete;

„° die Wahl zwischen Erstattung des Ticketpreises (und notfalls einem kostenlosen Rückflug zum Abflugort) oder anderweitiger Beförderung zum Zielort und“,

erfüllte easyJet anstandslos in Form der Umbuchung auf den Folgetag. Zurückgewiesen wurde der zweite Teil der Verpflichtung. Sie gibt vor folgendes zu erstatten:

„° Mahlzeiten, Getränke, notfalls Hotelunterkunft (inklusive Transfer) sowie Möglichkeiten zur Telekommunikation.“

Wer genau liest findet am Schluss des ersten Teils bereits die Überleitung zum zweiten Teil mit dem Wort:

„und“.

Das bringt die Fluggesellschaft in die Verpflichtung zur Übernahme dieser Kosten.

Ihre Erstattungen, hatten wir bereits in Newcastle bei easyJet eingefordert. Doch die Fluggesellschaft verweigerte sie erst einmal mit dem Hinweis, alle Quittungen zu sammeln, und diese an ihre Zentrale in London zu schicken. Dort wird die weitere Bearbeitung erfolgen.
Wir sammelten die Rechnungen und schicken sie mit folgendem Schreiben an die Fluggesellschaft easyJet, Sitz in London:

easyJet Airline Company Limited
easyLand
London Luton Airport
Bedfordshire
LU2 9LS
UK United Kingdom

29. September 200X

Betrifft: Nichtbeförderung durch Annullierung
Flug 6481 am 27. Sept. 200X von Newcastle nach Berlin
Passagiere: 1. X ..., 2. Y ..., 3. Z ...

Sehr geehrte Damen und Herren,

Als wir uns am 27. Sept. 200X termingemäß zum Einschecken für den Flug 6481 von Newcastle nach Berlin am Abfertigungsschalter melden wurde uns mitgeteilt, dass dieser Flug annulliert ist. Für weitere Informationen wurden wir an den Schalter von easyJet verwiesen. Hier wurde unser Rückflug vom Personal Ihrer Fluggesellschaft für den 28. Sept. 200X festgelegt. Durch Vermittlung Ihrer Mitarbeiterin sind 2 Zimmer für die Nacht vom 27. zum 28. Sept 200X im Premier travel inn reserviert worden. Uns wurde mitgeteilt, dass wir die notwendigen Aufwendungen für Mahlzeiten und Getränke sowie die Übernachtungskosten verauslagen, die Rechnungen aufbewahren und an Sie zur Erstattung der Kosten einreichen sollen.

Gemäß der geltenden EG-Verordnung für Ausgleichs- und Unterstützungsleistungen für Fluggäste im Fall der Nichtbeförderung und bei Annullierung stellen wir folgendes in Rechnung:

Übernachtung für 1. X ..., 2. Y ...	*53,95 GBP*
Übernachtung für 3. Z ...	*53,95 GBP*
Mahlzeiten und Getränke	
- Premier travel inn	*16,89 GBP*
- Premier travel inn	*45,30 GBP*
- Costa Caffee (Frühstück)	*20,92 GBP*
Summe (Kosten für Übernachtung, Mahlzeiten und Getränke)	*191,01 GBP*
zuzügl. Entschädigung *3 x 250,00 Euro*	*750,00 Euro*

Wir bitten Sie, die Beträge von 191,01 GBP und 750,00 Euro auf unser Konto
    Internationale Konto-Nr. (IBAN): DE xxxxxxxxxxxxxxxx
    Internationale Bankidentifikation (BIC): BELADE xxxxxx
zu überweisen.

3 Unterschriften

5 Anlagen

In den folgenden Wochen passiert nichts. Die Fluggesellschaft easyJet ignoriert offenbar unsere Forderungen. Wie lautete doch die Formulierung im Merkblatt der Europäischen Union?

„Entschädigungen oder Erstattungen müssen bar, per Überweisung, per Scheck oder – mit Ihrem schriftlichen Einverständnis – in Form von Reisegutscheinen innerhalb von 7 Tagen geleistet werden."

Für easyJet scheint das eine Formulierung zu sein, die ihre Fluggesellschaft nicht einschließt.

Da wir uns das nicht bieten lassen, wiederholen wir unsere Forderung. Jetzt aber mit Nachdruck und Terminsetzung.

Das Schreiben hat folgenden Inhalt:

easyJet Airline Company Limited
easyLand
London Luton Airport
Bedfordshire
LU2 9LS
UK United Kingdom

21.10.200X

Betrifft: Nichtbeförderung durch Annullierung
Flug 6481 am 27.Sept.200X von Newcastle nach Berlin
Passagiere: 1. X..., 2. Y..., 3. Z...

Sehr geehrte Damen und Herren,

am 27.Sept.200X wurde der Flug 6481 von Newcastle nach Berlin annulliert. Dadurch wurden wir an diesem Tage nicht befördert. Die daraus entstandenen Kosten für die Fluggäste X..., Y..., Z... für Übernachtung, Mahlzeiten und Getränke sowie der Entschädigung gemäß - Ausgleichs- und Unterstützungsleistungen für Fluggäste im Fall der Nichtbeförderung und bei Annullierung oder großer Verspätung von Flügen: Verordnung (EG) Nr. 261/2004, Abl. L 46 vom 17.2.2004 - , wie sie die Europäische Kommission vorschreibt, haben wir Ihnen mit Schreiben vom 29. Sept. 200X in Rechnung gestellt (Orginalquittungen lagen als Anlagen bei). Bisher ist eine Begleichung nicht erfolgt.
Wir haben die Kosten für Übernachtung, Mahlzeiten und Getränke verauslagt und mit VISA-Karte bezahlt. Die Abbuchung von unserem Konto ist bereits erfolgt. In der Anlage erhalten Sie die Monatsabrechnung u.a. mit den o.g. Positionen. Wir können hiermit die verauslagten Kosten in Euro konkretisieren. Danach sind folgende Beträge fällig:

Übernachtung	*107,90 GBP*	*159,05 €*
		1,59 €
Mahlzeiten und Getränke	*45,30 GBP*	*66,77 €*
		0,67 €
	16,89 GBP	*24,90 €*
		0,25 €
	20,92 GBP	*30,73 €*
		0,31 €
Entschädigung 3 x 250,00 €		*750,00 €*
Gesamtbetrag		*1 034,27 €*

Wir erwarten, dass der Betrag von 1034,27 € bis zum 31. Oktober 200X

auf unser Konto
> *Internationale Konto-Nr. (IBAN): DE xxxxxxxxxxxxxxxxx*
> *Internationale Bankidentifikation (BIC): BELADE xxxxxx*

bei der ... überwiesen wird.
Sollte der Betrag nicht bis zu diesem Termin auf dem Konto eingegangen sein, werden wir uns an die zuständige Europäische Kommission in Brüssel wenden.

Mit freundlichem Gruß
Unterschrift   *1 Anlage*

Auch die Terminsetzung mit dem 31. Oktober 200X zeigt keinen Erfolg. EasyJet ignoriert erneut unsere Forderung. Deshalb suche ich nach anderen Möglichkeiten, damit wir zu unserem Recht kommen.
Im Merkblatt unter dem Stichwort *nächste Schritte* (vergl. S. 96) steht folgendes:

„Im Fall von Nichtbeförderung, Annullierung oder einer großen Verspätung und der Nichterfüllung von Pflichten durch die Fluggesellschaft sollten Sie sich bei dem zuständigen nationalen Aufsichtsorgan beschweren. Startet ihr Flug in einem Land der EU, so richten sie Ihre Beschwerde an die Stelle in dem betreffenden Land. Bei Flügen ...“

Die Adresse des nationalen Aufsichtsorgans in England ist für mich nicht verfügbar. Da der Flug von dem Flughafen in Newcastle (England) starten sollte, wäre nach dem Merkblatt dieses Aufsichtsorgan zuständig.

In dem Flyer ist eine Telefonnummer und ein Hinweis vermerkt, dem ich nachgehen sollte.
Unter Europe Direct Freephone wird Hilfe angeboten.

Am 04.11.200X trage ich dort mein Anliegen vor. Ich werde an das Luftfahrt-Bundesamt in Braunschweig verwiesen. Eine entsprechende Telefonnummer dieser Institution wird mir mitgeteilt.

Noch am gleichen Tag rufe ich in Braunschweig an.

Eine Frau S... meldet sich. Wir besprechen mein Problem.

Sie meint hier ist eine Einzelfallprüfung erforderlich und will mir entsprechende Unterlagen und einen Vordruck unter dem Titel „Annullierung“ zuschicken.

Erst nachdem der Vordruck von mir ausgefüllt und unterschrieben ist wird eine Prüfung des Vorgangs eingeleitet.

Da ich an einem raschen Fortgang und Klärung der Umstände interessiert bin, sage ich ihr eine unverzügliche Bearbeitung und Rücksendung des Vordrucks zu.

Noch mit dem Datum des gleichen Tages wird ein Antwortschreiben an mich formuliert und mit dem sechsseitigen Fragebogen zugesandt.

Es erreicht uns einige Tage später und hat folgenden Wortlaut:

Luftfahrt-Bundesamt

04.11.200X

Ihre Flugannullierung

Sehr geehrter Herr X...,

Wir bedanken uns für ihre Anfrage an das Luftfahrt-Bundesamt in Braunschweig.

Für die Annullierung eines Fluges stehen Ihnen nach der EU-Verordnung 261/2004 entsprechende Wahl-, Zusatz- und Ausgleichsleistungen zu. Letztere müssen vom Luftfahrtunternehmen nicht getragen werden, wenn ein unvorhersehbares Ereignis zu der Annullierung führte. Das Luftfahrtunternehmen sollte näher erläutern können, aus welchem Grund der Flug annulliert wurde.

Das Luftfahrt-Bundesamt ist die zuständige Behörde für die Durchsetzung der EU-Verordnung (EWG) 261/2004 in Deutschland. Im Rahmen dieser Aufgabe wertet das LBA die Beschwerden von Passagieren zum Zweck der Überwachung der Umsetzung der Verordnung durch die Luftfahrtunternehmen aus. Das bedeutet, dass das Luftfahrt-Bundesamt die gemeldeten Erkenntnisse in die regelmäßigen Auswertungen im Rahmen der Aufsichtsführung einbezieht. Dadurch lassen sich Rückschlüsse auf die Umsetzung der Verordnung durch die Unternehmen ziehen, um bei Nicht-Beachtung Sanktionsmaßnahmen einleiten zu können.

Bei anschließender Feststellung eines möglichen Verstoßes gegen die EU-Verordnung werden wir Ihre Beschwerde zur Klärung des Sachverhaltes dem Betroffenen Luftfahrtunternehmen zugänglich machen, von deren Seite die Antwort an Sie erfolgen wird. Zudem werden wir verfolgen, inwieweit sich das Luftfahrtunternehmen mit Ihnen in Verbindung setzt und prüfen, ob ein Verstoß gegen die o.a. EU-Verordnung vorliegt und ggf. angemessene Maßnahmen zur Durchsetzung der Verordnung gegenüber dem betreffenden Luftfahrtunternehmen ergreifen. Daher möchten wir Sie bereits jetzt vorsorglich darauf hinweisen, dass Sie in diesen Fällen grundsätzlich keine weitere Antwort von uns erhalten werden.

Sollte kein Verstoß gegen die o.a. EU-Verordnung vorliegen, werden Sie entsprechend von uns benachrichtigt.

Eine Beschwerde können Sie auf dem anliegenden Fragebogen Annullierung beim LBA einreichen.

Beim Luftfahrt-Bundesamt eingereichte Beschwerden dienen nicht der Sicherung privatrechtlicher Ansprüche und nicht der Unterstützung der beschwerdeführenden Fluggäste bei der Durchsetzung ihrer Ansprüche gegenüber den Luftfahrtunternehmen. Ihre Ansprüche müssen Sie nach den im deutschen Recht vorgesehenen Verfahren ggf. gerichtlich geltend machen.

Mit freundlichen Grüßen
Im Auftrag
Unterschrift

Bei der systematischen Durchsicht des Schreibens aus dem Luftfahrt-Bundesamt fällt folgendes auf:

Der erste Absatz offenbart die Notwendigkeit von Anfragen an diese Dienststelle. Das Luftfahrt-Bundesamt in Braunschweig ist existentiell auf diese Anfragen angewiesen, denn sie weisen die Notwendigkeit dieser Dienststelle nach und sichern somit auch dort die Arbeitsplätze.

Jede Anfrage dient somit als Arbeitsbeschaffungsmaßnahmen.

Im zweiten Absatz werden die Aussagen des Merkblattes durch die Angabe der EU-Verordnung 261/2004 bestätigt, in welcher der Text im Wortlaut nachzulesen ist. Hier wird außerdem ausdrücklich auf entsprechende Wahl-, Zusatz- und Ausgleichsleistungen hingewiesen.

Von besonderem Interesse wird in diesem Zusammenhang der Hinweis:

„Letztere müssen vom Luftfahrtunternehmen nicht getragen werden, wenn ein unvorhersehbares Ereignis zu der Annullierung führte."

Daraus ergibt sich die Frage:
Was ist ein unvorhersehbares Ereignis?

Einige sind im nachlesbarem Text der EU-Verordnung aufgeführt.

Im Informationsblatt des LBA zu Fluggastrechten steht unter Annullierung folgendes:

„Annullierung (Artikel 5)

Annullierung ist die Nichtdurchführung eines geplanten Fluges für den zumindest ein Platz reserviert war. Dadurch entstehen Ansprüche auf Ausgleichs- und Unterstützungsleistungen nach Artikel 7, 8 und 9 der o.a. EU-Verordnung (...). Unter außergewöhnlichen Umständen ist das ausführende Luftfahrtunternehmen von den Verpflichtungen gemäß der o.a. EU-Verordnung teilweise oder ganz befreit. Beispiele: politische Instabilität, nicht zu vereinbarende Wetterbedingungen, Sicherheitsrisiken, unerwartete Flugsicherheitsmängel, Streiks etc."

Nirgends finde ich Erläuterungen, was unter den genannten Beispielen näher zu verstehen ist und wie diese definiert sind.

Können irgendwelche politischen Ereignisse zum Anlass einer Annullierung verwendet werden? Wo müssen diese Ereignisse stattfinden? Zu welchen Auswirkungen müssen sie führen? Was ist überhaupt eine *„politische Instabilität"*?

Ist ein Streik, eine Bombendrohung, eine Demonstration, eine Meldung in den Medien, ein Aufstand, eine Revolution, die Bedrohung eines Staates durch einen zweiten, das ansammeln von Truppen an der Grenze eines Staates, der Ausbruch eines Krieges oder der Kriegszustand selbst ein solches Ereignis?

Ich erinnere mich an eine brisante Begebenheit.

In Berlin ist die Mauer am 9. November 1989 geöffnet worden.
Bereits einen Tag danach waren wir in der Amerikanischen Botschaft in Berlin, in der Neustädtischen Kirchstraße.

Noch am gleichen Tage hielten wir unsere Visa in den Händen.

Wenige Tage später flogen wir in die Vereinigten Staaten von Amerika.

Den Flug haben wir noch bei der Interflug gebucht. Das war eine Fluggesellschaft der DDR, die sofort nach der Wiedervereinigung liquidiert wurde.

Bezahlt haben wir noch in Ost-Mark, wie die Mark der DDR, bewusst abfällig von den West-Deutschen genannt wurde.

Da die DDR kein Flug- und Landerecht für die USA hatte, verlief die ganze Geschichte natürlich mit einigen Hindernissen. Die für uns, von ungewöhnlicher Brisanz waren. Denn so mancher Grenzer und Zöllner hatte noch nie einen Pass der DDR in den Händen gehalten. Und auch die Autovermieter sahen zum ersten Mal einen Führerschein der Deutschen Demokratischen Republik.

Von Berlin ging es nach Warschau. Von dort zwei Tage später nach New York. Eine Woche verbrachten wir in dieser phänomenalen Stadt und flogen dann weiter nach Miami. Mieteten uns ein Auto, fuhren nach Daytona Beach, Fort Lauderdale und anderen interessanten Städten in Florida.

Der Rückflug war wieder über New York geplant.

Dort verbrachten wir noch einige Tage, fuhren mit der Fähre zur Freiheitsstatue, standen auf dem Empire State Building, besuchten Robert Pershing Wadlow, den mit 2,72 Meter größten Mann der Welt.
Schlenderten über den Broadway und die Fifth Avenue, spazierten durch den Central Park, die grüne Lunge Manhattans, standen auf dem Dach des Kenmoore Hotels in der 23-sten Straße, besuchten das Guggenheim Museum und stolperten in der Nähe des World Trade Centers über die wohl größte Kakerlake der Welt.

Auf meinem Kalender ist ein Maßband aufgezeichnet. Ich legte es neben das Tier. Es bringt sechsunddreißig Millimeter Länge.

Durch den kleinen Park, der im Zentrum von Manhattan, eingebettet von der 23-sten, der Fifth Avenue und anderen stark frequentierten Straßen ist, verkürzen viele Fußgänger ihren Weg, indem sie den diagonalen ausgetrampelten Pfad nehmen, um schneller ans Ziel zu gelangen. Bei ihrer Hatz bemerken sie kaum die Ratten die neben ihnen herlaufen und dann und wann ihren Weg kreuzen.

Auch das ist New York.

Bild 42 – Blick vom Kenmoore Hotel auf Manhattan in New York

Der Rückflug von New York nach Berlin, noch im Jahre 1989, war geprägt von besonderen Ereignissen.

Wir mussten mit einer IL-62 fliegen.

Diese Maschinen waren die typischsten und schnellsten in den sozialistischen Ländern. Sie wurden hauptsächlich in Europa und Asien eingesetzt. Alle der zwölf Warschauer Vertragsstaaten verfügten über diese Russischen Iljuschin-Maschinen.

Bis zu diesem Zeitpunkt war uns nicht bekannt, dass eine solche Maschine für den Interkontinentalverkehr zwischen Amerika und Europa eingesetzt wird und dafür überhaupt tauglich ist.

In New York bestiegen wir eine IL-62 der rumänischen Fluggesellschaft.

Zur gleichen Zeit begannen gerade in Rumänien die politischen Unruhen, die mit der Ermordung des rumänischen Staatspräsidenten Nicolai Caucescu und seiner Frau den Höhepunkt erreichten.

Das Präsidentenpaar wurde an dem Tag, als wir zurück fliegen wollten, gefangen genommen und standrechtlich erschossen.

Die Meldung kam offenbar, als wir bereits im Flugzeug saßen. Die Maschine, bekam wohl deshalb keine Starterlaubnis, stand vollbesetzt mehr als drei Stunden in Abflugbereitschaft auf dem Flughafen J.F. Kennedy in New York, bis wir dann endlich abfliegen konnten.

Ziel unseres Fluges war Wien.

Hätten wir wieder aussteigen müssen und wäre der Flug annulliert worden, hätte die Fluggesellschaft für die Unterbringung in einem Hotel aufkommen müssen?

Ist in einem solchen Falle Anspruch auf eine Gratisverpflegung gerechtfertigt?

Gemäß der Definition in der EU-Verordnung natürlich nicht. Aber hier käme die Regelung nach dem Montrealer Abkommen in Betracht. Danach müssten diese Dienstleistungen durch die Fluggesellschaft finanziell beglichen werden.

Während das Montrealer Abkommen weltweit gilt, soll die EU-Verordnung für den EU-Raum das Montrealer Abkommen ersetzen. Sie wird diesem aber nicht in allen Punkten gerecht.

In diesem Buch sollen aber keine Gegenüberstellung und kein Vergleich in den einzelnen Passagen beider Regelungen erfolgen. Hier geht es vordringlich um die Einhaltung der gesetzlichen Regelung durch Fluggesellschaften, die der EU-Verordnung 261/2004 mit Gültigkeit ab dem 17. Februar 2005 zuzuordnen und verpflichtet sind.

Nach der unzureichenden Deutung, was unter *„politische Instabilität"* zu verstehen ist, geht es um die Klärung des nächsten Punktes der aufgeführten Beispiele.

Dort steht unmittelbar danach:

„nicht zu vereinbarende Wetterbedingungen."

Mit wem werden hier Wetterbedingungen vereinbart?

Aber lassen wir dieses unnötige Wortspiel. Nehmen wir stattdessen an, dass es einfach um den Begriff Wetterbedingungen gehen soll.

Welche Wetterbedingungen sind als vereinbar und welche als nicht vereinbar zu definieren? Sind bestimmte Wolkenbildungen als Vorboten von Unwetter bereits als nicht vereinbar anzusehen? Gilt ein Gewitter am geplanten Zielort als nicht zu vereinbarende Wetterbedingung? Sind wechselnde Winde ab, welcher Windstärke, als solche anzusehen? Oder muss es ein Sturm sein? Mit welcher Sturmstärke? Gilt ein Orkan als nicht vereinbar? Ist starker Regen, Hagel oder Schneetreiben als nicht zu vereinbarende Wetterbedingung anzusehen? Wie steht es mit Frost oder zu hohen Temperaturen? Sind Eisbildungen auf stehenden Flugzeugen nicht vereinbar?

Die Kette der Fragen ließe sich beliebig fortsetzen. Auch hier fehlt eine klare Definition. Sonst könnte jede Fluggesellschaft nach eigenem Belieben eine nicht zu vereinbarende Wetterbedingung auslegen.

Betrachten wir den nächsten Punkt in den aufgeführten Beispielen:

Was sind „Sicherheitsrisiken"?

Ist das Fehlen einer Stewardess ein Sicherheitsrisiko?

Natürlich. Aber für den Ausgleich von fehlendem Personal ist die Fluggesellschaft in der Pflicht. Hier muss die Frage gestellt werden: Wie ist die Planung von Personal in Bereitschaft geregelt?

Damit ist bei Annullierung eines Fluges durch Unterbesetzung vermutlich das Verschulden bei der Fluggesellschaft zu suchen.

Welche Sicherheitsmängel gibt es noch? Hier fehlt eine klare Aussage.

Auch das nächste aufgeführte Beispiel bleibt unklar.

Was sind „unerwartete Flugsicherheitsmängel"?

Vielleicht liegt ein solcher dann vor, wenn die Piloten ihre Checkliste durchgehen und ein wesentliches für den Flug wichtiges technisches Element seine Funktion versagt und dieser Mangel bis zum Start nicht mehr zu beheben ist?

Im Gesetzestext fehlt eine eindeutige Erläuterung.

Der letzte Punkt in der Aufführung der Beispiele ist analog den vorher genannten zu sehen.

Wieso sind die Fluggesellschaften bei „Streiks" von der Leistung aller Regressforderungen entbunden?

Das kann doch nur dann so sein, wenn Streiks unangemeldet sind. Bei angemeldeten Streiks hingegen, ist die Fluggesellschaft dem Gesetze nach mindestens vierundzwanzig Stunden zuvor benachrichtigt und kann sich auf diese Situation einstellen.

Auch hier ist die Aufnahme dieses Begriffes für den Fall der Entbindung aus der Verantwortung fragwürdig.

Nun zum letzten Satz im zweiten Absatz des Schreibens des Luftfahrt-Bundesamtes vom 04.11.200X (vergl. S. 103).

Dort steht:

„Das Luftfahrtunternehmen sollte näher erläutern können aus welchem Grund der Flug annulliert wurde."

Was unseren Fall betrifft, so hatten wir zum Zeitpunkt des vorgesehenen Abfluges in Newcastle das Personal von easyJet gebeten die Gründe, die zu der Annullierung unseres Fluges führten, zu nennen. Daraufhin kam zur Antwort: „Die Maschine aus Berlin ist heute nicht gekommen, deshalb fliegt sie auch nicht zurück nach Berlin." Das ist nur eine unzureichende Darstellung der Situation, aber keine exakte Begründung die zur Annullierung führte.

Fakt ist: Es wurden uns keine Gründe genannt. Und das, obwohl wir mehrfach nachfragten. Damit waren diesbezüglich unsere Möglichkeiten erschöpft.

Im dritten Absatz des Schreibens des Luftfahrt-Bundesamtes wird die Zuständigkeit dieser Institution erläutert.

Darin heißt es (vergl. S. 103):

„Das Luftfahrt-Bundesamt ist die zuständige Behörde für die Durchsetzung der EU-Verordnung (EWG) 261/2004 in Deutschland. Im Rahmen dieser Aufgabe wertet das LBA die Beschwerden von Passagieren zum Zweck der Überwachung der Umsetzung der Verordnung durch die Luftfahrtunternehmen aus. Das bedeutet, dass das Luftfahrt-Bundesamt die gemeldeten Erkenntnisse in die regelmäßigen Auswertungen im Rahmen der Aufsichtsführung einbezieht. Dadurch lassen sich Rückschlüsse auf die Umsetzung der Verordnung durch die Unternehmen ziehen, um bei Nicht-Beachtung Sanktionsmaßnahmen einleiten zu können."

Sollte das so sein, dann bringt die Arbeit des LBA eine indirekte Unterstützung unserer Interessen. Gleichzeitig lässt das einen positiven Ausgang bezüglich der Begleichung der an easyJet gestellten Forderungen erwarten.

Auch der vierte Absatz im Schreiben des LBA deutet auf die Begleichung der von uns berechtigt erhobenen Ansprüche.

Dort steht (vergl. S. 103):

„Bei anschließender Feststellung eines möglichen Verstoßes gegen die

EU-Verordnung werden wir Ihre Beschwerde zur Klärung des Sachverhaltes dem Betroffenen Luftfahrtunternehmen zugänglich machen, von deren Seite die Antwort an Sie erfolgen wird. Zudem werden wir verfolgen, inwieweit sich das Luftfahrtunternehmen mit Ihnen in Verbindung setzt und prüfen, ob ein Verstoß gegen die o.a. EU-Verordnung vorliegt und ggf. angemessene Maßnahmen zur Durchsetzung der Verordnung gegenüber dem betreffenden Luftfahrtunternehmen ergreifen. Daher möchten wir Sie bereits jetzt vorsorglich darauf hinweisen, dass Sie in diesen Fällen grundsätzlich keine weitere Antwort von uns erhalten werden."

Der Text im fünften Absatz des Schreibens gibt uns die Sicherheit, dass easyJet gegenüber dem LBA die Gründe, die zur Annullierung des Fluges geführt haben, offenbaren muss. Dem zufolge werden wir wissen ob die Annullierung berechtigt war, denn dort steht (vergl. S. 103):

„Sollte kein Verstoß gegen die o.a. EU-Verordnung vorliegen, werden Sie entsprechend von uns benachrichtigt.
Eine Beschwerde können Sie auf dem anliegenden Fragebogen Annullierung beim LBA einreichen."

Im letzten Absatz ist folgendes formuliert (vergl. Auf den Seiten 102/103):

„Beim Luftfahrt-Bundesamt eingereichte Beschwerden dienen nicht der Sicherung privatrechtlicher Ansprüche und nicht der Unterstützung der beschwerdeführenden Fluggäste bei der Durchsetzung ihrer Ansprüche gegenüber den Luftfahrtunternehmen. Ihre Ansprüche müssen Sie nach den im deutschen Recht vorgesehenen Verfahren ggf. gerichtlich geltend machen."

Die Unterstützung bei dem Ersuchen zur Offenlegung der Gründe, die zur Annullierung des Fluges führten, ist auf jeden Fall eine Hilfe zur Entscheidungsfindung in Bezug auf die Möglichkeit einer erfolgreichen Durchsetzung von Ansprüchen gemäß der EU-Verordnung 261/2004.

Die Geltendmachung des Anspruches obliegt natürlich dem Geschädigten selbst. Interessant ist der Hinweis, dass diese Ansprüche *„nach den im deutschen Recht vorgesehenen Verfahren ggf. gerichtlich geltend zu machen"* sind.

Die Frage, die sich hier ergibt, kann nur lauten:

Wird das wirklich so sein?

Zweifel kommen mir schon deshalb auf, weil London, Großbritannien, als Sitz der Fluggesellschaft easyJet auf dem Buchungsschein angegeben ist. Mit dem deutschen Recht wird dort wohl wenig auszurichten sein. Vermutlich wird im Falle eines Rechtsstreits dann nur britisches Recht zur Anwendung kommen.

Eine andere Angabe auf dem Flugschein dokumentiert für easyJet eine weitere Adresse. Die ist in der Schweiz.

Müsste man dort vor einem Gericht sein Recht suchen, dann käme wohl nur das Schweizer Recht zur Anwendung.

Irgendwo habe ich mal gelesen: Wer in Deutschland Werbung betreibt, wer in Deutschland etwas an Deutsche Bürger verkauft, der unterwirft sich dem deutschen Recht.

Was stimmt wohl?

Auf jeden Fall werden wir den Fragebogen ausfüllen und diesen an das Luftfahrt-Bundesamt schicken.

Das Begleitschreiben dazu haben wir wie folgt abgefasst:

Luftfahrt-Bundesamt
Fluggastrechte Frau E ...
Postfach 30 54
38020 Braunschweig

                      20.11.200X

Ihr Zeichen BdP 1 xxxxxxxxxx
Ihr Schreiben vom 04.11.200X
Flugannullierung

Sehr geehrte Frau E... ,

beiliegend erhalten Sie den mir zugesandten Fragebogen bezüglich der Flugannullierung bei easyJet ausgefüllt zurück. Wie Sie den Unterlagen entnehmen können, sollte unser Rückflug von Newcastle (England) nach Berlin-Schönefeld am 27. September 200X erfolgen. Der Flug wurde annulliert. Von der Fluggesellschaft wurde uns als Grund für die Annullierung angegeben, „die Maschine aus Schönefeld ist heute nicht gekommen und wird auch nicht kommen." Warum die Maschine nicht kam, war nicht zu erfahren. Nachdenklich stimmte uns die Tatsache, dass zwischen 11 und 12 Uhr kein weiterer Fluggast wegen des gleichen Problems den Schalter kontaktierte.

Unsere Forderungen haben wir erstmals am 29.09.200X an easyJet schriftlich per Post geschickt. Kopie liegt diesem Schreiben bei. Am 21.10.200X haben wir unsere Forderungen schriftlich wiederholt und ebenfalls per Post an easyJet geschickt. Eine Kopie liegt diesem Schreiben ebenfalls bei.

Ihre Kollegin Frau S ... sagte mir am Telefon, dass eine Bearbeitung bei easyJet in der Regel 6 – 8 Wochen dauert. Diese 8 Wochen sind nun um. EasyJet hat weder eine Eingangsbestätigung zu unseren Schreiben geschickt, noch ist irgendein Bearbeitungshinweis erkennbar. Da Sie die in Deutschland zuständige Behörde sind erwarte ich von Ihnen ent-

sprechende Unterstützung.

Mit freundlichen Grüßen
Unterschrift

Anlagen

Drei Tage danach erhalten wir ein Schreiben des Luftfahrt-Bundesamtes, das auf den 22.11.200X datiert ist, mit folgendem Inhalt:

Luftfahrt-Bundesamt

22.11.200X

Beschwerde Annullierung

Sehr geehrter Herr X...,

wir bestätigen den Eingang Ihrer Beschwerde vom 20.11.200X an das Luftfahrt-Bundesamt (LBA) bezüglich der Annullierung durch das Luftfahrtunternehmen Easyjet. Ihre Beschwerde bzw. Ihre Hinweise zu dem von Ihnen genannten Luftfahrtunternehmen sind an das zuständige Referat unseres Hauses weitergeleitet worden.

Das Luftfahrt-Bundesamt ist die zuständige Behörde für die Durchsetzung der EU-Verordnung (EWG) 261/2004 in Deutschland. Im Rahmen dieser Aufgabe wertet das LBA die Beschwerden von Passagieren zum Zweck der Überwachung der Umsetzung der Verordnung durch die Luftfahrtunternehmen aus. Das bedeutet, dass das Luftfahrt-Bundesamt die gemeldeten Erkenntnisse in die regelmäßigen Auswertungen im Rahmen der Aufsichtsführung einbezieht.

Beim Luftfahrt-Bundesamt eingereichte Beschwerden dienen nicht der Sicherung privatrechtlicher Ansprüche und nicht der Unterstützung der beschwerdeführenden Fluggäste bei der Durchsetzung ihrer Ansprüche gegenüber den Luftfahrtunternehmen.

Bei Feststellung eines möglichen Verstoßes gegen die EU-Verordnung werden wir Ihre Beschwerden zur Klärung des Sachverhaltes den betroffenen Luftfahrtunternehmen zugänglich machen, von deren Seite die Antwort an Sie erfolgen wird. Zudem werden wir verfolgen, inwieweit sich das Luftfahrtunternehmen mit Ihnen in Verbindung setzt und prüfen, ob ein Verstoß gegen die o.a. EU-Verordnung vorliegt und ggf. angemessene Maßnahmen zur Durchsetzung der Verordnung gegenüber dem betreffenden Luftfahrtunternehmen ergreifen. Daher möchten wir Sie bereits jetzt vorsorglich darauf hinweisen, dass Sie in diesen Fällen grundsätzlich keine weitere Antwort von uns erhalten werden.

Ihre privatrechtlichen Ansprüche gegenüber dem Luftfahrtunternehmen müssen Sie allerdings weiterhin nach den im deutschen Recht vorgesehenen Verfahren ggf. gerichtlich, geltend machen.

Mit freundlichen Grüßen
im Auftrag
Unterschrift

Im zweiten Brief mit fast gleich lautendem Inhalt wird wieder deutlich gemacht:

„Das Luftfahrt-Bundesamt ist die zuständige Behörde für die Durchsetzung der EU-Verordnung (EWG) 261/2004 in Deutschland. Im Rahmen dieser Aufgabe wertet das LBA die Beschwerden von Passagieren zum Zweck der Überwachung der Umsetzung der Verordnung durch die Luftfahrtunternehmen aus. Das bedeutet, dass das Luftfahrt-Bundesamt die gemeldeten Erkenntnisse in die regelmäßigen Auswertungen im Rahmen der Aufsichtsführung einbezieht."

Etwas anderes hätte ich auch nicht von dieser Dienststelle erwartet. Denn auch ich sehe natürlich dies als eine vordringliche Aufgabe einer solchen vom Staat geschaffenen und von den Steuergeldern aller Bürger finanzierten, gerade im Sinne und mit dem Ziel der Einhaltung und Durchsetzung der verbindlichen Gesetze beauftragten Institution.

Mit besonderem Interesse las ich folgende Passage:

„Bei Feststellung eines möglichen Verstoßes gegen die EU-Verordnung werden wir Ihre Beschwerden zur Klärung des Sachverhaltes den betroffenen Luftfahrtunternehmen zugänglich machen, von deren Seite die Antwort an Sie erfolgen wird. Zudem werden wir verfolgen, inwieweit sich das Luftfahrtunternehmen mit Ihnen in Verbindung setzt und prüfen, ob ein Verstoß gegen die o.a. EU-Verordnung vorliegt und ggf. angemessene Maßnahmen zur Durchsetzung der Verordnung gegenüber dem betreffenden Luftfahrtunternehmen ergreifen."

Da ich davon überzeugt bin, das in unserem Falle ein Verstoß gegen die EU-Verordnung vorliegt, erwarte ich mit besonderem Interesse die Antwort von easyJet.

Interessieren würde mich auch, wie das LBA verfolgen und prüfen will, inwieweit sich das Luftfahrtunternehmen mit uns in Verbindung setzt.

Von besonderem Interesse wäre auch, welche angemessenen Maßnahmen zur Durchsetzung der Verordnung gegenüber dem Luftfahrtunternehmen ergriffen werden sollen.

Einen Tag später erreichte mich ein weiterer Brief der Abteilung Presse- und Öffentlichkeitsarbeit des Luftfahrt-Bundesamtes.

Er ist datiert auf den 24. November 200X und hat folgenden Wortlaut:

Luftfahrt-Bundesamt

24. November 200X

Verordnung (EG) Nr. 261/2004 (sog. „Denied-Boarding-Verordnung") - Übersendung einer Beschwerde gemäß Artikel 16 der Verordnung hier: Ihre Beschwerde vom 20.11.200X

Sehr geehrter Herr X...,

im Rahmen unserer Zuständigkeiten als Durchsetzungs- und Beschwerdestelle für die Fluggastrechte nach der Verordnung (EG) 261/2004 in Deutschland erhalten wir entsprechende Beschwerden von Fluggästen wegen eventuellen Verstößen gegen diese Verordnung.

So erhielten wir auch Ihre Beschwerde vom 20.11.200X über das Luftfahrtunternehmen easyJet bezüglich eines Fluges vom 27.09.200X von Newcastle nach Berlin.

Eine erste Überprüfung des Sachverhalts hat ergeben, dass ein Verstoß gegen die Bestimmungen der o.a. Verordnung nicht ausgeschlossen werden kann, jedoch die Zuständigkeit nicht beim Luftfahrt-Bundesamt liegt.

Wir teilen Ihnen daher mit, dass wir Ihre Beschwerde zur weiteren Bearbeitung an die zuständige Durchsetzungsstelle (Air Transport Users Council, Room K705-CAA House, 45-49 Kingsway, LONDON WC2B 6TE, UNITED KINGDOM) weitergeleitet haben.

Wir danken Ihnen für die Zusendung Ihrer Beschwerde, mit der Sie einen Beitrag zur Durchsetzung der Fluggastrechte geleistet haben und hoffen, dass wir Sie ausreichend informiert haben.

Mit freundlichen Grüßen
Im Auftrag
Unterschrift

Von besonderem Interesse ist für uns nur ein Satz in diesem Brief:

„Eine erste Überprüfung des Sachverhalts hat ergeben, dass ein Verstoß gegen die Bestimmungen der o.a. Verordnung nicht ausgeschlossen werden kann, ..."

Das bestätigt unsere Annahme und verfestigt die Richtigkeit unserer Forderungen gegenüber easyJet. Jetzt können wir nur noch die Bearbeitung und eine Antwort der zuständigen Stelle, Air Transport Users Council in England abwarten.

Am 26.11.200X erreicht uns das langersehnte Schreiben von easyJet.
Es ist datiert auf den 21. November 200X, abgefaßt vom easyJet Kundendienst Team und hat folgenden Wortlaut:

Herrn X...
Anschrift

Datum: 21. November 200X

Buchungsnummer: E7DSxxx

Lieber Herr X... ,

Ich danke Ihnen für Ihr Schreiben. Die unüblich lange Bearbeitungszeit bitte ich zu entschuldigen.

Ich möchte mich an dieser Stelle für jegliche Unannehmlichkeiten die Ihnen durch Stornierung Ihrer Flüge entstanden sind entschuldigen.

Wenn Ihr Flug aufgrund eines Ereignisses außerhalb unserer Kontrolle annulliert wird haben Sie die folgenden Möglichkeiten.

Bei Annullierung eines Fluges als Folge von außergewöhnlichen Umständen, die nicht verhindert werden konnten, obwohl wir alle erforderlichen Maßnahmen getroffen haben, und die zum Beispiel durch einen der folgenden Faktoren verursacht wurden:

Flugsicherung
Wetter
Unruhen
Warnungen vor Terroranschlägen und allgemeine Sicherheitsgründe
Streiks
unvorhergesehene Mängel in der Flugsicherheit

beschränkt sich die Entschädigungspflicht von easyJet auf folgende Optionen („Optionen Umbuchung bzw. Rückerstattung"):

Sie haben Anspruch auf:

1. eine Umbuchung auf den frühest möglichen Flug zu Ihrem Bestimmungsort oder

2. auf Wunsch eine Umbuchung auf einen späteren Flug zu Ihrem Bestimmungsort, vorausgesetzt, auf diesem Flug sind Plätze verfügbar, oder

3. eine Rückerstattung des Flugpreises, der für die nicht geflogene und für die bereits geflogene Strecke bezahlt wurde, wenn der Flug nicht mehr den Zweck der ursprünglichen Reiseabsicht erfüllen kann. Eine solche Rückerstattung kann auf unserer Website (...) durch ausfüllen des Formulars „Rückerstattung für verspätete oder abgesagte Flüge" unter der Rubrik „Kontakt" eingefordert werden. Außerdem erhalten Sie gegebenenfalls einen Rückflug zum ursprünglichen Abflugort auf dem frühest möglichen Flug.

Sie erhielten eine Umbuchung auf den frühest möglichen Flug zu Ihrem Bestimmungsort. Daher muss ich Ihnen mitteilen, dass easyJet keine

weiteren Kosten übernimmt.
Lieber Herr X ... , ich hoffe, dass ich Ihnen mit diesen Informationen weitergeholfen habe und wir Sie, trotz der negativen Erfahrung, bald wieder auf einem unserer Flüge begrüßen dürfen.
Mit freundlichen Grüßen
Unterschrift

Das Schreiben ist defus und hat keine klare Aussage.

Deutlich wird die lachse und abwertende Einstellung der Fluggesellschaft gegenüber ihren Fluggästen.

Es erscheint als sinnvoll, das Schreiben Absatz für Absatz näher zu betrachten.

Bereits der erste Absatz deutet auf diese Einstellung hin. Es überkommt einem das Gefühl, als sei der Fluggast ein lästiges Stück etwas, das man irgendwie, irgendwann bearbeiten muss.

Dort heißt es:

„Ich danke Ihnen für Ihr Schreiben. Die unüblich lange Bearbeitungszeit bitte ich zu entschuldigen."

Ist der Dank für mein Schreiben echt? Worauf ist die lange Wartezeit zurückzuführen? Kein Wort darüber lässt einen Einblick zu. Ist die lange Wartezeit wirklich unüblich? Im Telefonat mit dem Luftfahrt-Bundesamt hatte mich doch Frau E... bereits auf eine bei easyJet übliche Wartezeit von 6 bis 8 Wochen in Bezug auf eine Antwort hingewiesen.

Was soll also dieses Wortspiel?

Auch der zweite Absatz ist für mich unglaubwürdig und unehrlich.

Dort steht:

„Ich möchte mich an dieser Stelle für jegliche Unannehmlichkeiten die Ihnen durch Stornierung Ihrer Flüge entstanden sind entschuldigen."

Warum antwortet die Schreiberin mit einer persönlichen Floskel? Müsste sie sich nicht vielmehr im Namen von easyJet, ihrem Arbeitgeber, in dessen Auftrag sie dieses Pamphlet verfasst, sich für die entstandenen Unannehmlichkeiten entschuldigen?

Auch beim Lesen des dritten Absatzes stellen sich meine Nackenhaare auf. Er ist geradezu anmaßend und grotesk.

Da steht:

„Wenn Ihr Flug aufgrund eines Ereignisses außerhalb unserer Kontrolle annulliert wird haben Sie die folgenden Möglichkeiten."

Schon die einleitende Wortwahl, *„Wenn Ihr Flug ..."* lässt alle Zweifel an einer richtigen sachgerechten Beantwortung meines Schreibens und meiner Forderungen durch die Fluggesellschaft aufkommen.

Warum gibt easyJet nicht die Ursache, die zur Stornierung des Fluges geführt hat, preis?
Gibt es einen Grund dies zu vertuschen?
Weshalb spielt die Fluggesellschaft nicht mit offenen Karten und erklärt welche Ursachen zur Annullierung des Fluges geführt haben?
Stattdessen wird eine fiktive Annahme in den Raum gestellt, die alles offen lässt und zwangsläufig zur Unglaubwürdigkeit der Gesellschaft führen muss. Wozu dient dieses Reden um den heißen Brei?

EasyJet, als Fluggesellschaft wird für mich damit immer fragwürdiger. Ein Partner, dem man nicht mehr vertrauen kann und der jede Glaubwürdigkeit leichtfertig verspielt, dem sollte man sich als Passagier nicht anvertrauen. Immer stärker führt mich das zu der Auffassung:

Nie wieder easyJet!

Ich frage mich:
Welche Bedeutung ist dem vierten Absatz zuzubilligen?

In ihm steht:

„Bei Annullierung eines Fluges als Folge von außergewöhnlichen Umständen, die nicht verhindert werden konnten, obwohl wir alle erforderlichen Maßnahmen getroffen haben, und die zum Beispiel durch einen der folgenden Faktoren verursacht wurden:

Flugsicherung
Wetter
Unruhen
Warnungen vor Terroranschlägen und allgemeine Sicherheitsgründe
Streiks
unvorhergesehene Mängel in der Flugsicherheit

beschränkt sich die Entschädigungspflicht von easyJet auf folgende Optionen („Optionen Umbuchung bzw. Rückerstattung"):"

Hier wird ein solcher Unfug dem Fluggast mitgeteilt, dass sich der Leser fragen muss, weiß die Schreiberin überhaupt wovon sie berichtet?

Welche außergewöhnlichen Umstände konnten nicht verhindert werden?
Es werden beispielhaft sechs Möglichkeiten benannt, aber keine die tatsächlich vorlag.
Die Schreiberin meint, dass alle erforderlichen Maßnahmen getroffen wurden, vermeidet aber eine wirklich getroffene zu benennen.

Dieser Absatz beinhaltet nur Floskeln und Mutmaßungen. Mit keiner Silbe werden die Fakten offenbart und der Grund für den Ausfall unseres Fluges erwähnt.

Verdient eine Mitarbeiterin, die einen solchen Brief als Antwort an einen Kunden sendet, in einem solchen Unternehmen überhaupt weiter beschäftigt zu werden? Für mich wäre sie untragbar. Und wo bleibt hier die Aufsichtspflicht und Verantwortung von Vorgesetzten?

Auch die im Schreiben aufgeführten Ansprüche gehen nicht auf den Sachverhalt ein. Sie nennen Ansprüche aus der Sicht von easyJet, die aber den unter 1., 2. und 3. genannten Möglichkeiten nicht mit den in der EU-Verordnung Nr. 261/2004 gesetzlich vorgeschriebenen Wahl-, Zusatz- und Ausgleichsleistungen Rechnung tragen.

Im nächsten Absatz wird festgestellt:

„Sie erhielten eine Umbuchung auf den frühest möglichen Flug zu Ihrem Bestimmungsort. Daher muss ich Ihnen mitteilen, dass easyJet keine weiteren Kosten übernimmt."

Richtig ist, dass wir eine Umbuchung auf den frühest möglichen Flug zu unserem Bestimmungsort erhielten. Dieser frühest mögliche Flug fand aber erst am nächsten Tag, genau vierundzwanzig Stunden später statt. Und deshalb haben wir nach der o.g. EU-Verordnung einen Anspruch auf Wahl-, Zusatz- und Ausgleichsleistungen.

Die Feststellung, dass easyJet keine weiteren Kosten übernimmt, ist somit nicht zulässig. EasyJet ist nach der EU-Verordnung zu Wahl-, Zusatz- und Ausgleichszahlungen verpflichtet.

Eine Fluggesellschaft, die sich nicht an die gesetzlichen Vorschriften halten will, oder sie ignoriert wird uns als Fluggäste nicht mehr in ihren Passagierlisten führen können. Der Schreiberin dieses Briefes sollte dies klar sein. Sie hätte sich den letzten Absatz sparen sollen, denn er drückt Arroganz, Oberflächlichkeit, Zynismus und Ironie gleichermaßen aus.

Er lautete:

„Lieber Herr X..., ich hoffe, dass ich Ihnen mit diesen Informationen weitergeholfen habe und wir Sie, trotz der negativen Erfahrung, bald wieder auf einem unserer Flüge begrüßen dürfen."

Eine solche Arbeitsweise vertieft die Kluft zwischen Passagier und Fluggesellschaft. Sie verstärkt zugleich unsere Antipathie gegenüber easyJet.

Verärgert vom Inhalt des Briefes und der Art und Weise wie Fluggäste bei der Fluggesellschaft easyJet behandelt und Ihre berechtigten Ansprüche bearbeitet werden, schreibe ich folgenden Brief an easyJet:

easyJet Airline Company Limited
easyLand
London Luton Airport
Bedfordshire
LU2 9LS
UK United Kingdom

27. November 200X

Buchungsnummer: E7DSxxx
Ihr Schreiben vom 21. November 200X, Posteingang 26. November 200X
Nichtbeförderung durch Annullierung des Fluges am 27. Sept. 200X von
Newcastle nach Berlin
Passagiere: 1. X... , 2. Y... , 3. Z...

Sehr geehrte Damen und Herren,

Ihr Schreiben betreffend unserer Forderungen vom 29. Sept. bzw.
21.10.200X bezüglich der Nichtbeförderung durch Annullierung unseres
Fluges vom 27. Sept. 200X von Newcastle nach Berlin zeigt, dass Sie
offenbar nicht gewillt sind, die Fluggastrechte der Europäischen Union
(EU) anzuerkennen.

Zwar hatte man uns am Schalter von easyJet in Newcastle dahingehend
geholfen, dass mit Hilfe der zentralen Flugplatz-Information für uns im
premier travel inn eine Übernachtung vermittelt und uns bezüglich der
Rückerstattung der Kosten Ihre Adresse von Ihren Mitarbeitern bekannt
gegeben wurde. Obwohl uns nach Darlegung des o.g. Ereignisses am
easyJet-Flugschalter in Berlin am 28. Sept. 200X nach der Rückkehr aus
Newcastle das Merkblatt der EU nebst der Bekanntgabe Ihrer Adresse
zwecks Anmeldung unserer Forderungen ausgehändigt wurde, tun Sie so,
als würde es derarte Fluggastrechte gar nicht geben.

Gemäß der EU-Verordnung (EWG) 261/2004 sind Ausgleichs- und
Unterstützungsleistungen für Fluggäste im Fall der Nichtbeförderung und
bei Annullierung durch das Luftfahrtunternehmen zu begleichen. Hier noch
einmal unsere Forderungen:

Übernachtung	107,90 GBP	159,05 €
		1,59 €
Mahlzeiten und Getränke	45,30 GBP	66,77 €
		0,67 €
	16,89 GBP	24,90 €
		0,25 €
	20,92 GBP	30,73 €
		0,31 €
Entschädigung 3 x 250,00 €		750,00 €
Gesamtbetrag		1 034,27 €

Die entsprechenden Orginalquittungen sind Ihnen mit Schreiben vom

29.09.200X zugegangen.

Wir erwarten, daß der Betrag von 1034,27 € bis zum 10. Dezember 200X auf unser Konto

> *Internationale Konto-Nr. (IBAN): DE xxxxxxxxxxxxxxxxxx*
> *Internationale Bankidentifikation (BIC): BELADE xxxxxx*

bei der ... überwiesen wird.

Sollte der Betrag nicht bis zu diesem Termin auf dem Konto eingegangen sein, werden wir per Gericht unsere Kosten einklagen. Darüber hinaus werden wir im Fernsehen und anderen Publikationen über die fluggast-freundliche Umsetzung der EU-Verordnung für Fluggastrechte durch easyJet berichten.

Eine Kopie dieses Briefes geht an die zuständige Europäische Kommission in Brüssel und an das Luftfahrt-Bundesamt in Braunschweig.

Mit freundlichem Gruß
Unterschrift

Noch am gleichen Tag schreibe ich den nächsten Brief an das Luftfahrt-Bundesamt mit folgendem Inhalt:

Luftfahrt-Bundesamt
Fluggastrechte Frau E ...
Postfach 30 54
38020 Braunschweig

> *27.11.200X*

Ihr Zeichen BdP 1 xxxxxxxxxx 11/05, Ihr Schreiben vom 22.11.200X
Ihr Zeichen BdP 1/xxxxxxxxxx-E578/200X, Ihr Schreiben vom 24.11.200X
Flugannullierung, Verordnung (EG) Nr. 261/2004 (sog. „Denied-Boarding-Verordnung") - Beschwerde gemäß Artikel 16 der Verordnung

Sehr geehrte Damen und Herren,

am 26.11.200X habe ich ein Schreiben, datiert mit dem 21. November 200X, von dem Luftfahrtunternehmen easyJet erhalten. Die Kopie des Schreibens liegt als Anlage bei.

Ein Grund für die Annullierung des Fluges am 27.09.200X von Newcastle nach Berlin wird auch hier nicht genannt.

EasyJet hat die Annullierung unseres Fluges verschuldet und lehnt jegliche Kostenübernahme ab.

Das Schreiben erweckt den Anschein, dass bei easyJet mit der EU-Verordnung für Fluggastrechte so umgegangen wird, als gebe es diese Verordnung gar nicht. Sie wird ignoriert und die Fluggastrechte werden mit Füßen getreten. Eine solche Verfahrensweise führt zwangsläufig zu der Frage, wie lange kann ein solches Luftfahrtunternehmen noch im EU-

Raum tätig sein?

Ich muß davon ausgehen, dass unser Fall kein Einzelfall ist und erwarte, dass Sie als Luftfahrtaufsichtsbehörde eine entsprechende Prüfung einleiten.

Mit freundlichen Grüßen
Unterschrift

Anlagen   - Schreiben von easyJet vom 21.11.200X
*   - Antwort an easyJet vom 27.11.200X*

Einen weiteren Brief schicke ich noch am gleichen Tag an die Europäische Kommission in Brüssel.

Er hat folgenden Inhalt:

Europäische Kommission
Generaldirektion Energie und Verkehr
Fluggastrechte
B-1049 Brüssel

27.11.200X

Annullierung des Fluges Nr. 6481 am 27.09.200X von Newcastle (UK) nach Berlin-Schönefeld (D) durch das Luftfahrtunternehmen easyJet, Fluggäste: 1. X... , 2. Y... , 3. Z... ,
Verordnung (EG) Nr. 261/2004 (sog. „Denied-Boarding-Verordnung") - Beschwerde gemäß Artikel 16 der Verordnung

Sehr geehrte Damen und Herren,

am 27.09.200X wollten wir mit easyJet von Newcastle nach Berlin-Schönefeld fliegen. Als wir um 11 Uhr an den Abfertigungsschalter kamen wurde uns mitgeteilt, dass der Flug annulliert sei. Als Grund wurde angegeben; „die Maschine aus Schönefeld ist heute nicht gekommen und wird auch nicht kommen".

Ein Rückflug war an diesem Tage nicht mehr möglich.

Mit Hilfe von easyJet und der zentralen Information des Flughafens in Newcastle wurden wir im premier travel inn untergebracht. Die Kosten für die Übernachtung, Mahlzeiten und Getränke mussten wir auslegen und sollten die Rechnungen nebst unseren Ansprüchen an easyJet in London, Luton schicken.

Wir haben diese Unterlagen am 29.09.200X an easyJet geschickt (Anlage 1).

Da das Luftfahrtunternehmen bis zum 21.10.200X nicht reagierte, haben wir unsere Ansprüche bei easyJet erneut geltend gemacht (Anlage 2).

Am 04.11.200X habe ich mit Ihrer Behörde telefonisch Kontakt aufgenommen und wurde an das Luftfahrt-Bundesamt in Braunschweig verwiesen. Auch diese Behörde habe ich kontaktiert.

Am 26.11.200X habe ich ein Schreiben, datiert mit dem 21. November 200X, von dem Luftfahrtunternehmen easyJet erhalten. Die Kopie des Schreibens liegt als Anlage 3 bei.

Da easyJet mehr als 8 Wochen nicht reagierte und nun alle Ansprüche mit der lakonischen Bemerkung ablehnt: „Sie erhielten eine Umbuchung auf den frühest möglichen Flug zu Ihrem Bestimmungsort", wende ich mich erneut an Sie, denn ich bin der Auffassung, hier liegt ein grundsätzliches Problem vor, das tiefgreifende Konsequenzen nach sich ziehen muss.

Ein anderer als der bekannte Grund für die Annullierung des Fluges am 27.09.200X von Newcastle nach Berlin wird auch im Schreiben von easyJet nicht genannt.

EasyJet hat die Annullierung unseres Fluges verschuldet und lehnt jegliche Kostenübernahme ab.

Das Schreiben erweckt den Anschein, dass bei easyJet mit der EU-Verordnung für Fluggastrechte so umgegangen wird, als gebe es diese Verordnung gar nicht. Sie wird ignoriert und die Fluggastrechte werden mit Füßen getreten. Eine solche Verfahrensweise führt zwangsläufig zu der Frage, wie lange kann ein solches Luftfahrtunternehmen noch im EU-Raum tätig sein?

Ich muss davon ausgehen, dass unser Fall kein Einzelfall ist und erwarte, dass Sie als Luftfahrtaufsichtsbehörde eine entsprechende Prüfung einleiten.

Mit freundlichen Grüßen
Unterschrift

4 Anlagen
*   - Schreiben an easyJet vom 29.09.200X*
*   - Schreiben an easyJet vom 21.10.200X*
*   - Schreiben von easyJet vom 21.11.200X*
*   - Antwort an easyJet vom 27.11.200X*

Nur wenige Tage vergehen, bis eine Antwort vom Luftfahrt-Bundesamt in Braunschweig eintrifft. Da sich diese Behörde außer dem Briefe schreiben mit häufigen Wiederholungen in den Textzeilen und den ständigen Hinweisen auf ihre eigene Bedeutung und den Verweisen darauf, wie privatrechtliche Ansprüche geltend zu machen sind, bisher in der Sache dem Schuldner gegenüber nicht besonders aktiv zeigte, öffne ich den Briefumschlag etwas skeptisch.

Hier sein Inhalt mit einer neuen Unterschrift:

Herrn X...
Anschrift

1. Dezember 200X

Ihre Beschwerde

Sehr geehrter Herr X... ,

im Rahmen unserer Zuständigkeiten als Durchsetzungs- und Beschwer-destelle für die Fluggastrechte nach der Verordnung (EG) 261/2004 in Deutschland erhielten wir Ihre Beschwerde die wir, wie im Schreiben vom 24.11.200X mitgeteilt, an die für die Bearbeitung zuständige Durchsetzungsstelle Air Transport Users Council, Room K 705-CAA House, 45-49 Kingsway, London WC 2B 6 TE, United Kingdom abgegeben haben.

Wenden Sie sich mit Ihren weiteren Fragen bitte an die englische Durchsetzungsstelle.

In diesem Zusammenhang weisen wir darauf hin, dass die in unserem Hause eingehenden und durch das LBA zu bearbeitenden Passagierbeschwerden nach entsprechender Auswertung der Überwachung dienen, ob die betroffenen Luftfahrtunternehmen ihren Verpflichtungen nach o.g. Verordnung ausreichend nachkommen. Wenn aus dieser Auswertung systematische Verstöße eines Luftfahrtunternehmens erkennbar sind, so werden diese Unternehmen durch das Luftfahrt-Bundesamt zur Abstellung der Defizite veranlasst. Ggf. sind dabei auch Sanktionen gegen das Unternehmen zu verhängen.

Jedoch gehört es nicht zu den gesetzlichen Aufgaben des Luftfahrt-Bundesamtes, Gutachten über einzelne Vorgänge zu erstellen oder darüber zu entscheiden, ob Ihnen gegenüber diesem Luftfahrtunternehmen ein privatrechtlicher Anspruch zusteht. Sollten Sie mit der Reaktion des Luftfahrtunternehmens Ihnen gegenüber nicht einverstanden sein, so steht es Ihnen frei, die Angelegenheit unmittelbar mit dem o.g. Luftfahrtunternehmen weiter zu verfolgen bzw. etwaige privatrechtliche Ansprüche ggf. auf dem ordentlichen Rechtsweg geltend zu machen.

Mit freundlichen Grüßen
im Auftrag
Unterschrift

Irgendwie vermittelt dieses Schreiben den Anschein, dass ich dem LBA mit meinem Schreiben vom 27.11.200X lästig geworden bin. Ich habe ja nach dem Schreiben vom 24. November 200X bereits verstanden, dass sie den Fall an das Überwachungsorgan in England übergeben haben, nahm aber an, dass sie als die in Deutschland zuständige Bundesoberbehörde interessiert sein sollten, wie das Luftfahrtunternehmen den Vorgang bearbeitet. Denn nur mit dieser Kenntnis wird es doch möglich gezielt gegen Verstöße vorzugehen.

Wie hieß es doch in dem Schreiben vom 04.11. (vergl. S. 103):

„Das Luftfahrt-Bundesamt ist die zuständige Behörde für die Durchsetzung der EU-Verordnung (EWG) 261/2004 in Deutschland. Im Rahmen dieser Aufgabe wertet das LBA die Beschwerden von Passagieren zum Zweck der Überwachung der Umsetzung der Verordnung durch die Luftfahrtnternehmen aus. Das bedeutet, dass das Luftfahrt-Bundesamt die gemeldeten Erkenntnisse in die regelmäßigen Auswertungen im Rahmen der Aufsichtsführung einbezieht.“

Wie steht es weiter in dem Schreiben (vergl. S. 103):

„Bei anschließender Feststellung eines möglichen Verstoßes gegen die EU-Verordnung werden wir Ihre Beschwerde zur Klärung des Sachverhaltes dem Betroffenen Luftfahrtunternehmen zugänglich machen, von deren Seite die Antwort an Sie erfolgen wird. Zudem werden wir verfolgen, inwieweit sich das Luftfahrtunternehmen mit Ihnen in Verbindung setzt und prüfen, ob ein Verstoß gegen die o.a. EU-Verordnung vorliegt und ggf. angemessene Maßnahmen zur Durchsetzung der Verordnung gegenüber dem betreffenden Luftfahrtunternehmen ergreifen.“

Gleich lautend war auch der Text im Schreiben des LBA vom 22.11.200X.

Wie will das Luftfahrt-Bundesamt überhaupt verfolgen, *inwieweit sich das Luftfahrtunternehmen mit mir in Verbindung setzt?*

Ich glaube nicht, dass es von easyJet eine Rückmeldung, geschweige denn eine Kopie des an mich gesandten Schreibens erhält.

Wie will das LBA in Unkenntnis all dieser Vorgänge *ggf. angemessene Maßnahmen zur Durchsetzung der Verordnung gegenüber dem betreffenden Luftfahrtunternehmen ergreifen?*

Warum habe ich diese Zeilen nur so wörtlich genommen und dachte, dass hier eine für beide Seiten positive Wechselwirkung entsteht, wenn ich das LBA in seiner Arbeit unterstütze.

Ich ging wohl fehl in dieser Annahme.

Am 23.12., einen Tag vor Heiligabend, erreicht uns überraschend ein weiteres Schreiben von easyJet. Obwohl mit dem 05. Dezember datiert, benötigte dieser Brief angeblich achtzehn Tage auf dem Postweg. Da kein Poststempel auf dem Briefumschlag aufgebracht wurde, ist der tatsächliche Abgang nicht feststellbar.

Interessiert lesen wir den Text:

Herrn X...
Anschrift

05. Dezember 200X

Buchungsnummer: E7DSxxx
Unsere Referenz: E105xxxx

Lieber Herr X... ,

Vielen Dank für Ihren Brief.

Bitte entschuldigen Sie die Unannehmlichkeiten die durch die Verschiebung der Flugzeiten entstanden sind. Auch nach erfolgter Reservation können wir unsere Flugpläne jederzeit ändern und/oder Flüge annullieren, einstellen, umleiten, verschieben oder später starten lassen, wenn dies nach unserer Einschätzung durch Umstände, die sich unserem Einfluss entziehen, oder aus Sicherheitsgründen gerechtfertigt ist.

Deshalb übernehmen wir keinerlei Verantwortung für die entstehenden Extrakosten. Ich rate Ihnen in diesem Falle ihre Reiseversicherung in Anspruch zu nehmen. Auf Anfrage stelle ich Ihnen gerne nötige Dokumente aus.

Im Bezug auf ihre Anspruchsforderung kann ich Ihnen noch mal bestätigen, dass wir Ihnen keine weitere Erstattung für angefallene Kosten anbieten können. Wir haben, laut des EU-Rechts unseren Vertrag erfüllt, indem wir Sie umsonst umgebucht haben. Unsere Regulierungen sind von unserer Rechtsabteilung geprüft und abgesichert.

Bitte entschuldigen Sie das ich Ihnen in diesem Falle nicht mehr weiterhelfen kann. Wenn Sie den Fall rechtlich weiterverfolgen möchten, wenden Sie sich bitte an:

www. ... .com, Beförderungsbestimmungen:

Artikel 16
Anwendbares Recht und Gerichtsstand
Vorbehaltlich anderslautender Bestimmungen des Abkommens, einschlägiger Gesetze, staatlicher Vorschriften oder Regelungen:
(a) unterstehen vorliegende Beförderungsbedingungen und Beförderungen, die wir Ihnen anbieten (für Ihre Person und/oder Ihr Gepäck) dem englischen Recht;
(b) nicht ausschliesslicher Gerichtsstand für allfällige Streitfälle zwischen Ihnen und uns über derartige Beförderungen ist England und Wales.
NAME DES LUFTFRACHTFÜHRERS

easyJet Airline Company Limited
easyLand, London Luton Airport
Luton, Bedfordshire
LU2 9LS

UNITED KINGDOM

easyJet Switzerland S.A.
5 Route de L'Aeroport
1215 Genf 15
SCHWEIZ

Go Fly Limited
easyLand, London Luton Airport
Luton, Bedfordshire
LU2 9LS

Nochmals vielen Dank das Sie uns kontaktiert haben. Sollten Sie noch weitere Fragen haben, zögern Sie bitte nicht uns erneut zu kontaktieren. Sie können uns anrufen unter 01803 654 321 (Deutschland) oder unter 0848 888 222 (Schweiz). Oder Sie schicken uns einfach noch mal eine Email.

Wir würden uns freuen Sie bald wieder an Bord begrüßen zu können.

Mit freundlichen Grüßen
Unterschrift
easyJet Kundendienst Team

Wieder wird kein Grund für die Annullierung des Fluges angegeben.

Auch dieses Schreiben lässt erkennen, dass die Fluggesellschaft bezüglich unserer Beschwerde weder vom Luftfahrt-Bundesamt, noch von der Flugaufsichtsbehörde in England kontaktiert wurde.

Hier wird zwar das EU-Recht erwähnt, und es wird behauptet, durch die erfolgte Umbuchung sei der Anspruch erfüllt. Dem ist entgegenzuhalten, dass die Verfasserin offenbar gar nicht weiß was EU-Recht ist.

Da steht in der EU-Verordnung 261/2004 eindeutig und unmissverständlich, über die Leistungen bei Annullierung, die durch die Fluggesellschaft gegenüber dem Passagier, wie sie in unserem Falle zutreffen, zu gewähren sind:

1. *Umbuchung zum nächsten frühestmöglichen Termin*

2. *- Bei Beförderung am anderen Tag Hotelunterbringung und Transfer zwischen Flughafen und Hotel,*
   - Mahlzeiten und Erfrischungen in angemessenem Verhältnis zur Wartezeit,
   - unentgeltlich zwei Telefonate oder Telexe oder Telefaxe oder e-mails

3. *Ausgleichsleistungen bei Flügen über eine Entfernung von 1500 km oder weniger 250 € je Passagier.*

Bei easyJet ist man offenbar nicht gewillt diese gesetzlichen Vorschriften einzuhalten. Ja man ignoriert sie, als gebe es diese nicht. Hinzu kommt das nach wie vor die Gründe für die Annullierung weiterhin verschwiegen und nicht offen gelegt werden. Im Gegensatz dazu wird versucht die Gründe zu verschleiern und es werden abwegige Behauptungen in den Raum gestellt, die das eigentliche Problem vermutlich vertuschen sollen.

Das drückt z.B. folgende Passage in dem Schreiben aus:

„Auch nach erfolgter Reservation können wir unsere Flugpläne jederzeit ändern und/oder Flüge annullieren, einstellen, umleiten, verschieben oder später starten lassen, wenn dies nach unserer Einschätzung durch Umstände, die sich unserem Einfluss entziehen, oder aus Sicherheitsgründen gerechtfertigt ist.“

Mit diesem zweiten Brief von easyJet ist das Maß voll, von dem, was wir uns haben bieten lassen.

Nun muss der Rechtsweg eingeschlagen werden.

Am 29. Dezember 200X erreicht uns ein Schreiben von der Europäischen Kommission in Brüssel. Es wurde auf den 14. Dezember 200X datiert. Im Poststempel ist kein Datum fixiert.

Das Schreiben hat folgenden Wortlaut:

Herr X...
Anschrift

14. Dezember 200X

Sehr geehrter Herr X... ,

ich bestätige den Eingang Ihres Schreibens vom 27. November 200X.

Die neue Verordnung über Fluggastrechte (Verordnung (EG) Nr. 261/2004), die am 17. Februar 2005 in Kraft trat, verpflichtet die Mitgliedsstaaten u.a. dazu, Stellen für die Durchsetzung der Verordnung zu benennen, die sich in erster Instanz mit derartigen Beschwerden von Fluggästen befassen und für die korrekte Anwendung der Fluggastrechte sorgen müssen. Dieses neue Instrument, das auf eine legislative Initiative der Kommission zurückgeht, trägt dazu bei, langwierige und kostspielige Gerichtsverfahren zwischen den Fluggästen und Luftfahrtunternehmen zu vermeiden.

Was Ihren persönlichen Fall betrifft, so kann ich Ihnen mitteilen, dass nicht beförderte Fluggäste nach der Verordnung (EG) Nr. 261/2004 Anspruch auf umfassende Betreuungsleistungen (Mahlzeiten, Getränke, Kommuni-

kationsmöglichkeiten und, falls erforderlich, Übernachtung in einem Hotel) haben, selbst wenn die Verspätung oder Annullierung auf außergewöhnliche Umstände oder höhere Gewalt zurückzuführen ist. Es sei allerdings darauf hingewiesen, dass für Verspätungen keine finanziellen Ausgleichsansprüche geltend gemacht werden können. Eine etwaige Erstattung der Flugscheinkosten ist gemäß dieser Verordnung nur dann vorgesehen, wenn die nicht beförderten Fluggäste ihren Flug angesichts einer Verspätung von über fünf Stunden nicht fortsetzen wollen und gemäß der Verordnung Anspruch auf eine Stornierung des Flugs ihrerseits haben und die Rückerstattung der Kosten für den nicht genutzten Flugschein fordern.

Im Fall einer Annullierung des Fluges, bei der eine Ausgleichszahlung zu leisten wäre, kann die Fluggesellschaft unter Umständen höhere Gewalt geltend machen, so dass sie von der Zahlung befreit wäre. Sie ist aber verpflichtet die Fluggäste über den Grund der Annullierung zu unterrichten. Die schriftliche Erklärung der Fluggesellschaft zu dem Vorfall kann in der Folge vor Gericht verwendet werden. Es liegt dann im Ermessen des Richters festzustellen, ob die Fluggesellschaft alle möglichen Maßnahmen ergriffen hat, um das Eintreten einer derartigen Situation zu verhindern.

Fluggäste können die Kommission zwar über die Behandlung der Beschwerden unterrichten, es ist uns jedoch nicht möglich, unmittelbar tätig zu werden. Sie haben schon mit der zuständigen Stelle in Deutschland (Luftfahrt-Bundesamt) Kontakt aufgenommen, was das richtige Verfahren zu folgen war. Es steht Ihnen nunmehr frei, gerichtliche Schritte einzuleiten.

Mit freundlichen Grüßen
Unterschrift

Das Schreiben der Europäischen Kommission bestätigt die Richtigkeit unserer Auffassung zur vorliegenden Rechtssituation. Es besagt auch, dass unsere Forderungen gegenüber der Fluggesellschaft berechtigt sind.

Das kommt vor allem im zweiten Absatz in folgender Passage zum Ausdruck:

„Was Ihren persönlichen Fall betrifft, so kann ich Ihnen mitteilen, dass nicht beförderte Fluggäste nach der Verordnung (EG) Nr. 261/2004 Anspruch auf umfassende Betreuungsleistungen (Mahlzeiten, Getränke, Kommunikationsmöglichkeiten und, falls erforderlich, Übernachtung in einem Hotel) haben, selbst wenn die Verspätung oder Annullierung auf außergewöhnliche Umstände oder höhere Gewalt zurückzuführen ist."

Aufgrund der Weigerung zur Anerkennung und Begleichung unseres Anspruches durch easyJet bleibt uns nur noch der Rechtsweg.

Deshalb entschließe ich mich unsere Rechtsschutz-Versicherung in Anspruch zu nehmen.

Wollte ich mich gegen die unverhohlenen Rechtsverletzungen der Fluggesellschaft weiterhin zur Wehr setzen, so musste ich aktiv werden.

Schließlich habe ich eine Rechtsschutzversicherung in die ich Jahr für Jahr eine nicht gerade niedrige Summe einzahle, bei der das Vertragsverhältnis bisher zu meinen Ungunsten und nur zu Gunsten der Versicherung gelaufen ist. Also beschloss ich die für mich zuständige Vertreterin anzurufen.

Bei der Gelegenheit sollte vielleicht gleich noch ein anderes Problem angesprochen werden. Denn vor ein paar Tagen flatterte ein Brief ins Haus. Es war die jährliche Forderung zur Kraftfahrzeugversicherung. Die Haftpflichtversicherung wurde darin festgesetzt.
Natürlich wieder viel zu hoch.

Nachdem die sieben Ziffern in das Telefon eingegeben und die Ruftaste gedrückt war, klingelte es mehrere Male am anderen Ende der Leitung bis sich jemand meldete.

„Speichel", es war ihr Mann der das Gespräch entgegennahm. Als er meinen Namen hörte, wusste er sofort, dass ich seine Frau sprechen wollte.

„Einen Augenblick bitte, ich muss mal meine Frieda suchen." So drang es an mein Ohr.

Sie war wohl in ihrem Kellerbüro des Einfamilienhauses. Die Telefonzentrale befindet sich im Wohnzimmer. Nach einiger Zeit stellte er den Anruf durch.

„Ich müsste mal meine Rechtsschutzversicherung in Anspruch nehmen und brauche dazu die Zustimmung der Versicherung," gab ich zu verstehen.

„Da weiß ich nicht so Bescheid", entgegnete mir Frau Speichel.

Etwas anderes hatte ich auch nicht erwartet. Schließlich ist sie ja erst seit etwa 15 Jahren bei dieser Firma und genauso lange meine zuständige Ansprechpartnerin.

„Sie haben doch die Service-Nummer der Versicherung. Da sollten sie anrufen und mal nachfragen", gab sie mir zu verstehen.

„Warum die Service-Nummer, gibt es denn keine Abteilung in der Rechtsfragen behandelt werden?"

„Ach ja, da habe ich eine Telefonnummer, die können Ihnen bestimmt weiterhelfen."

Sie nannte mir die Nummer und meinte, „diese Leute sind für unseren Bereich zuständig. Da bekommen sie auch gleich eine Schadennummer."

„Ich brauche keine Schadennummer, ich will nur wissen, ob die Versicherung für den Rechtsstreit die Kosten übernimmt."

„Das werden die Ihnen sagen, wenn Sie die Schadennummer haben."

Ich wollte das Problem der Schadennummer nicht Vertiefen und so sprach ich die andere Sache an.

„Vor einigen Tagen habe ich einen Brief von Ihrer Firma mit der Forderung zur Kraftfahrzeugversicherung erhalten."

„Ja, der Jahresbetrag ist jetzt fällig. Warum fragen Sie? Stimmt da etwas nicht?"

„Nun, Sie wissen doch, dass die Vertragsänderung noch aussteht!"

„Welche Vertragsänderung?"

Sie tat so, als wüsste sie nicht wovon ich spreche. Also musste ich es näher erläutern.

„Vor gut einem Jahr habe ich Ihrem Chef in Ihrem Beisein die von mir geforderten Auskünfte, die für eine Vertragsänderung erforderlich wären, schriftlich übergeben. Daraufhin sollte der Vertrag für mein Fahrzeug geändert werden. Etwa einen Monat danach rief er mich an und sagte mir zu, dass der geänderte Vertrag unverzüglich abgeschickt wird. Etwa sechzig Euro weniger sollte ich nach seiner Auskunft pro Jahr als Versicherungsbeitrag zahlen.

Da ich den Jahresbeitrag schon gezahlt hatte, sollte mir die Differenz, vorausgesetzt ich akzeptiere den geänderten Vertrag, erstattet werden. Weder den Vertrag, noch die überschüssige Summe habe ich bekommen. Und als sie mich mit ihrem Chef vor ungefähr einem halben Jahr wegen meiner Hausratversicherung aufsuchen wollten, erinnerte ich an den ausstehenden Vertrag. Ein Termin für den Hausbesuch kam nicht zustande. Ich vermute, der Grund war das Versäumnis."

Meine letzte, vielleicht zu zynische Bemerkung wollte sie wohl überhört haben.

„Der Herr Schleimer ist nicht mehr mein Chef. Ich habe jetzt einen neuen. Es ist wegen des Rotationsprinzips, da wird bei uns des öfteren gewechselt. Aber die beiden Herren kommen heute Abend zu mir. Da geht es um die Übergabe. Ich kann mich an nichts mehr erinnern, werde den Herrn Schleimer aber fragen, ob er noch etwas weiß."

So ist das ja immer, wenn man irgendwo Geld zu bekommen hat, kann sich meist niemand mehr erinnern. Mir war klar, dass für das vergangene

Jahr bestimmt nichts mehr zurückzufordern sei. Schließlich gab es ja auch keine Vertragsänderung.

Aber was ist mit diesem Jahr? Ich hatte zwar den geforderten Betrag gerade bei meiner Hausbank zur Überweisung angewiesen und hatte es bereits aufgegeben eine Vertragsänderung zu erreichen. Vielleicht sollte man es doch noch einmal versuchen und deshalb kam ich erneut auf das Thema zurück.

„Ist es eventuell möglich den Vertrag für dieses Jahr noch zu korrigieren."

„Ich werde es heute Abend ansprechen. Versprechen kann ich aber nichts."

Sie gab mir noch die Telefonnummer von der Rechtsschutz-Stelle und damit war das Gespräch beendet.

Am nächsten Tag rief sie mich an. Es sprudelte geradezu aus ihr heraus.

„Wir haben gestern Abend noch über Ihren Vertrag gesprochen. Der Herr Schleimer konnte sich daran erinnern. Er war der Meinung alles mit Ihnen geregelt zu haben. In seinem Computer sind alle Daten gespeichert."

„Und warum hat er mir die Vertragsänderung nicht zu geschickt?"

Ich konnte ihren Redeschwall kaum bremsen.

„Da war doch noch das andere Problem, mit dem Auto Ihrer Frau. Sie hatten sich doch beschwert, weil da einige Fehler in dem Vertrag waren. Die Frau Flocke, die das seinerzeit bearbeitete, ließ die Daten unberücksichtigt, die sie von Ihrer Frau übermittelt bekam."

An dieser Stelle warf ich ein:

„Das war ja eine unmögliche Bearbeitung. Für das Renommee einer solch' großen Versicherung unwürdig. Ich hatte meiner Frau schon empfohlen die Versicherung zu wechseln. Der Herr Schleimer konnte dieses Problem gerade noch ins Lot bringen. Die siebzig Euro, die von Ihrer Gesellschaft zu viel gefordert wurden, haben wir zurückbekommen.

Aber wie sieht es nun mit meiner Sache aus?"

„Ich brauche noch ein paar Angaben von Ihnen", gab sie mir zu verstehen. „Wenn ich die habe, dann bekommen Sie den neuen Vertrag zugestellt."

„Den für dieses Jahr geforderten Betrag habe ich schon vor einigen Tagen überwiesen," gab ich zu verstehen.

„Das macht nichts, wenn Sie den neuen Vertrag haben und ihn akzeptieren, dann bekommen Sie den zu viel gezahlten Anteil zurückerstattet", meinte sie.

„Na gut, wenn das so ist, dann fragen Sie."

„Den Kilometerstand müsste ich wissen."

„Dazu muss ich in die Garage gehen, denn den habe ich nicht im Kopf."

„Vielleicht können wir erst das andere klären." Sie fragte noch nach meiner Kontonummer, dem Kreditinstitut und der Bankleitzahl.

Wozu werden diese Angaben benötigt, wollte ich fragen. Aber dann fiel mir ein, sie sprach von Rücküberweisung. Deshalb werden diese Daten wahrscheinlich gebraucht. Und so sagte ich ihr alles durch.

Da die Garage im Haus ist, bat ich sie gleich am Telefon zu bleiben. Den Hörer nahm ich mit und so konnte ich ihr den Kilometerstand sofort durchsagen.

„Danke, ich veranlasse alles, dann erhalten Sie den Vertrag demnächst."

Einige Tage danach kamen die Unterlagen von der Versicherung.

Sie waren überschrieben mit dem Betreff:

„Nachtrag zur Kraftfahrt-Versicherung
Ausfertigungsgrund
Neuordnung der Versicherung und Änderung der Versicherungs-Nummer"

Es drängte sich mir die Frage auf, „soll das der angekündigte Vertrag sein?"

Ein Nachtrag kann doch nur eine Ergänzung zu einem bestehenden Vertrag sein. Nirgends ist ein dementsprechender Hinweis zu finden. Im Gegenteil dazu gibt es auf der zweiten Seite des Nachtrags eine Überschrift mit dem Titel:

„Vorversicherung"

Darunter steht geschrieben:

„Hiergegen erlischt der Vertrag KR... ".

Das bedeutet, der alte Vertrag wird gelöscht. Damit hat aber der Nachtrag gar keinen Vertrag als übergeordnetes Papier. Ist das formal juristisch überhaupt möglich?

Ich versuche aus dem Nachtrag heraus zu lesen, ob der Nachtrag vielleicht irgendwo zum Vertrag autorisiert wird. Nur das Wort Vertrag, um den es sich hier wohl handeln sollte, taucht mehr oder weniger beiläufig erst auf der zweiten Seite dieses Machwerks auf.

Nämlich unter dem Stichwort 'Widerspruchsrecht'.

Hier ist zu lesen:

„Der Versicherungsvertrag kommt zustande, wenn Sie nicht fristgerecht widersprechen. Ausführliche Informationen über Ihr Widerspruchsrecht können Sie Teil 3 der beigefügten AKB/TB entnehmen."

Um die Fragen zu klären, die sich allein aus diesem Absatz ergeben, suchte ich in dem Anhang.

Was heißt überhaupt AKB/TB?

Einige Seiten weiter finde ich in den Unterlagen folgende Formulierung:

„Teil 1 Allgemeine Bedingungen für die Kraftfahrtversicherung (AKB).“

Was ist denn das für ein Kuddelmuddel? Die großen Buchstaben AKB korrespondieren doch gar nicht mit dem Wortlaut;

„Allgemeine Bedingungen für die Kraftfahrtversicherung,“

die Sie in der gewählten Abkürzung offenbar wiedergeben sollen.

Es drängt sich der Gedanke auf, ein solcher Wirrwarr entspricht genau der Arbeitsweise dieser Versicherungsgesellschaft. Warum schreiben die eigentlich das Wort Kraftfahrt-Versicherung mal mit einem Bindestrich und zum anderen zusammen als ein Wort?

Im Text steht weiter:

„Teil 2 Tarifbestimmungen für die Kraftfahrtversicherung (TB)“

Damit sind zwar die Abkürzungen, AKB und TB, die unter dem Widerspruchsrecht formuliert wurden im Anhang erfasst, doch die zusammenhängende Formulierung AKB/TB taucht nirgends auf. Erst recht nicht ein Teil 3 der beigefügten AKB/TB, wie sie zuvor in der Ankündigung zum Versicherungsvertrag mit folgender Formulierung bereits festgeschrieben wurde.

Dort hieß es:

„Ausführliche Informationen über Ihr Widerspruchsrecht können Sie Teil 3 der beigefügten AKB/TB entnehmen.“

Der Nachtrag und sein Anhang sind wie ein Rätselheft, in dem man nach Lösungen suchen muss.

Zu vermuten ist, dass der Satz unter dem 'Widerspruchsrecht' eigentlich lauten müsste:

'Ausführliche Informationen über Ihr Widerspruchsrecht können Sie dem Anhang – Allgemeine Bedingungen und Tarifbestimmungen für die Kraftfahrtversicherung KRB 550/17 – im Teil 3 entnehmen.'

Denn auf der Seite 1 dieses Anhangs ist ein Teil 3 angekündigt und so ist zu lesen:

„Teil 3 Ergänzende Regelungen und Informationen zum Widerspruchsrecht.“

Auf der Seite 13 der Anlage ist dieser Teil 3 dann inhaltlich unterlegt.

Nachdem ich mir soweit Klarheit verschafft habe, blieb noch eine Frage aus dem ersten Satz im *„Nachtrag zur Kraftfahrt-Versicherung“* unter dem Absatz 'Widerspruchsrecht'.

Wie lautete doch gleich die Formulierung dort?

„Der Versicherungsvertrag kommt zustande, wenn Sie nicht fristgerecht widersprechen.“

Was soll das bedeuten, nicht fristgerecht? Was ist eigentlich fristgerecht? Eine Erläuterung wird weder in dem vorliegenden Nachtrag zur Kraftfahrt-Versicherung noch im Anhang gegeben.

Zu vermuten ist, dass beide Sätze unter dem Absatz 'Widerspruchsrecht', nur im Zusammenhang betrachtet, wirksam werden. Und was stand da geschrieben?

Ich musste zurück blättern und las:

„Der Versicherungsvertrag kommt zustande, wenn Sie nicht fristgerecht widersprechen. Ausführliche Informationen über Ihr Widerspruchsrecht können Sie Teil 3 der beigefügten AKB/TB entnehmen."

Ungeachtet der fehlerhaften Formulierungen im zweiten Satz schlug ich die Seite 13 des Anhangs auf, denn dort müssten die 'ausführlichen Informationen' zu finden sein.

Im § 1 Anwendbares Recht steht geschrieben:

„Für diesen Vertrag gilt deutsches Recht."

Hier wird eine Klausel in den Vertrag eingeführt, die so viel sagend und zugleich ohne Aussagewert ist.

Vermutlich gibt es irgendwo im 'deutschen Recht' eine Antwort darauf, was unter 'fristgerecht' zu verstehen ist.

Die Frage, die sich aus dieser Festlegung ergibt, lautet:

Kann es zulässig sein, eine solche allgemeine Formulierung in einem Vertrag zu verwenden, wo das deutsche Recht doch so vielschichtig und umfangreich ist? Muss hier nicht eine konkrete Frist vorgegeben werden in der sich der Vertragspartner zu erklären hat?

Die nächste Frage, die sich in diesem Zusammenhang aufdrängt, stellt sich nach der Form der Erklärung:

Wie ist zu widersprechen? Ist es zulässig telefonisch zu widersprechen, oder hat der Widerspruch schriftlich zu erfolgen?

In dem so genannten Nachtrag gibt es keine Aussage dazu. Auch das ist wohl ein Mangel des Vertrages.

Es schien mir müßig, sich weiter mit diesen Verklausulierungen auseinander zu setzen. Für mich lief das alles auf eine bewusste Verdummung des Vertragspartners aus. Ich bin der Meinung, es handelt sich hier um unzulässige Vertragsklauseln. Der Mühe einer solchen Prüfung wollte ich mich nicht mehr unterziehen und so beließ ich es bei dem erreichten Erkenntnisstand.

Nur ein Punkt in dem Vertrag gab es noch, der mir gar nicht behagte.

Unter der Überschrift; *„Zahlungsweise"*, steht ein Unterpunkt:

„Einzugsermächtigung/Bankverbindung."

Im dazu gehörigen Text werden meine Kontonummer und die Bankleitzahl des kontoführenden Kreditinstituts genannt.

Dort heißt es:

„Aufgrund der widerruflich erteilten Einzugsermächtigung buchen wir vom Konto Nr. ... ab."

Dieser Passus war weder mit mir abgestimmt, noch habe ich eine Einzugsermächtigung erteilt. Er ist eigenmächtig, ohne meine Zustimmung in den Nachtrag eingetragen worden.

Grundsätzlich gebe ich niemanden und nirgends mein Einverständnis für eine Einzugsermächtigung von meinem Konto, da ich, wie der Volksmund sagt, in dieser Sache ein gebranntes Kind bin, weil ich mit der Erteilung von Einzugsermächtigungen nur schlechte Erfahrungen gemacht habe.

Zum Beispiel wurden von der Telefongesellschaft mit der ich einen Vertrag für mein Telefon hatte, in einer Telefonrechnung zweihundert Gespräche zu viel berechnet.

Aufgrund der seinerzeit erteilten Einzugsermächtigung wurde der überhöhte Betrag sofort von meinem Konto abgebucht. Die Bearbeitung, das Widerspruchsverfahrens und die erforderlichen Prüfungen zogen sich über fast ein Jahr hin. Erst danach ist mir der zu viel gezahlte Betrag zurück erstattet worden. Das bedeutete, der Vertragspartner arbeitete fast ein Jahr mit meinem Geld, das er sich zu Unrecht angeeignet hatte.

Ähnlich lag das Problem mit der Stadtreinigung. Aufgrund einer falschen Einstufung in Bezug auf die zuzuordnende Straßenreinigungsklasse gemäß dem Straßenreinigungsgesetz wurde mir ein um das vierfache zu hoher Betrag in Rechnung gestellt. Weil ich die Einzugsermächtigung erteilt hatte, wurde dieser Betrag bereits vor Rechnungseingang von meinem Konto abgebucht. Die Klärung der Angelegenheit dauerte länger als ein Jahr. Erst danach wurde mir der Differenzbetrag zurückgegeben. Auch hier arbeitete der Vertragspartner mehr als ein Jahr mit meinem Geld. Er hatte sich nach meiner Auffassung auf betrügerische Weise mein Eigentum angeeignet.

Ein drittes Beispiel ergibt sich aus dem Vertrag mit dem Wasserwerk. Nach der jährlichen Abrechnung wurde ich für das Folgejahr mit einem um einhundert Kubikmeter höheren Jahresbedarfs eingestuft. Ein derart hoher Verbrauch war nicht zu erwarten. Er wurde zur Berechnung aufgrund eines Ablesefehlers seitens des Bediensteten des Wasserwerkes herangezogen. Da mir dies erst mitgeteilt wurde, nachdem der erste Quartalsbetrag bereits von meinem Konto abgebucht war, dauerte es wiederum ein Jahr bis eine Korrektur erfolgte und mir der zu viel geraubte Betrag erstattet wurde.

Ein viertes Beispiel betrifft die jährlich an das Finanzamt im Voraus zu entrichtende Kraftfahrzeugsteuer.

Um die Klimaentwicklung positiv zu beeinflussen ist es sinnvoll, den Ausstoß an Kohlendioxyd von Kraftfahrzeugen zu mindern.

Bei der regelmäßigen TÜV-Untersuchung gab mir der Prüfer einen entsprechenden Hinweis, zumal der Staat durch Minderung der Kraftfahrzeugsteuer auf eine solche Entscheidung einen finanziellen Anreiz gewährt. Deshalb entschloss ich mich, noch am gleichen Tag einen Kaltstartregler in mein Fahrzeug einbauen zu lassen.

Der Prüfer gab mir noch Name und Adresse einer geeigneten Werkstatt. Nach erfolgreicher Prüfung und Erteilung der Plakette fuhr ich auf direktem Weg zu der genannten Adresse. Der Werkstattleiter nannte mir den Preis und auch die Steuervergünstigungen, die ich durch den Einbau erzielen kann. Wir vereinbarten einen Termin. Bereits wenige Tage danach wurde in der Werkstatt die Leistung erbracht. Am nächsten Tag legte ich die mir ausgehändigten Papiere in der Kfz-Prüfstelle vor. Meine Kfz-Papiere wurden eingezogen und mir wurden neue gegen eine sofort zu begleichende Umschreibegebühr ausgehändigt. Nur auf die Rückzahlung der seinerzeit im Voraus zu viel gezahlte Gebühr musste ich noch lange warten. Das Finanzamt nahm sich Zeit, um mir den neuen Bescheid über die Kraftfahrzeugsteuer zu erteilen. Sechs Monate nach der Fälligkeit erhielt ich das entsprechende Schreiben.

Einleitend hieß es darin:

„Der Bescheid ist nach § 12 Abs. 2 Nr. 1 Kraftfahrzeugsteuergesetz geändert.“

Aus der anschließenden Berechnung ging hervor, dass ich bereits etwa vierzig Prozent zu viel gezahlt hatte. An einem der nächsten Tage war der überzahlte Betrag dann auf meinem Konto.

Auch hier hatte das Finanzamt, aus meiner Sicht in betrügerischer Absicht mein Geld, also mein Eigentum, bewusst ein halbes Jahr zurückbehalten und damit zu seinen Gunsten gearbeitet.

Aus diesen Fehlern habe ich gelernt und deshalb entscheide nur noch ich, wann ein Vertragspartner von mir Geld erhält. Eine Einzugsermächtigung erteile ich nicht mehr.

Das sollte auch für den Nachtrag mit dem Versicherungsunternehmen gelten. Deshalb griff ich zum Hörer und rief die Versicherungsagentin an.

Frau Speichel ging gleich an den Apparat.

„Ich habe gestern einen 'Nachtrag zur Kaftfahrt-Versicherung' von Ihrer Gesellschaft erhalten.“

Sofort kam von ihr die Frage:

„Was für einen Nachtrag?“

Das hätte ich auch gefragt, wenn ich mich nicht schon mit diesem Papier beschäftigt hätte.

Deshalb sagte ich, „es geht um mein Auto."

„Ach so, haben Sie den Vertrag erhalten?"

„Ich vermute mal, das soll der Vertrag sein, obwohl er nicht so tituliert ist. Vielleicht ist das ein Fremdwort für Ihre Versicherungsgesellschaft. Aber um das zu klären rufe ich nicht an. Zum Inhalt sollten wir etwas klären."

„Worum geht es dann?"

„In dem Nachtrag steht, ich hätte eine Einzugsermächtigung erteilt."

„Stimmt das nicht?" Ihre Antwort kam selbstbewusst.

„Nun ich wüsste nicht, wem ich eine solche Erklärung gegeben habe."

Sie wich aus.

„Eine Einzugsermächtigung ist doch günstig, da braucht man sich doch um nichts mehr zu kümmern."

„Darum geht es nicht."

„Worum dann?"

Ich wurde direkt.

„Haben Sie veranlasst, dass dieser Passus in dem Nachtrag aufgenommen wurde?"

Verunsichert drang ihre Stimme durch den Hörer.

„Ist das nicht richtig, Sie haben mir doch Ihre Kontonummer und die Bankleitzahl gegeben?"

„Diese Daten habe ich Ihnen zwar gegeben, aber nicht zu diesem Zweck! Sie wollten die Angaben von mir haben, als es um die Rückerstattung des Differenzbetrages ging."

„Dann war das wohl ein Missverständnis", versuchte sie sich heraus zu reden.

Ich wollte das dumme Geschwätz abkürzen und sagte bestimmt:

„Ich gebe keine Zustimmung zu einer Einzugsermächtigung."

„Da Sie den Betrag für das laufende Jahr schon bezahlt haben, stellt sich diese Frage jetzt nicht mehr. Und für das nächste Jahr können Sie ja die Einzugsermächtigung widerrufen."

Das war eine geschickte Umschreibung, um das Problem zu umgehen. Sie wollte einfach nicht zugeben, dass sie diejenige war, die veranlasst hatte, dass dieser Passus in den Nachtrag eingearbeitet worden ist.

„Ich kann doch nichts widerrufen, was ich nicht erklärt habe."

Eine Antwort wartete ich nicht ab.

Es wäre müßig weiter nach der Ursache zu forschen. Deshalb fragte ich direkt:

„Was soll ich mit diesem Nachtrag machen, den Satz mit der Einzugsermächtigung akzeptiere ich nicht, mit dem Betrag bin ich zufrieden."

„Na wenn sie sonst einverstanden sind, dann brauchen sie nicht zu reagieren, dann kommt der Vertrag automatisch zustande. Und mit der Einzugsermächtigung, das können Sie ja schriftlich widerrufen. Aber dazu haben Sie fast ein Jahr Zeit. Bis dahin können Sie sich das noch einmal überlegen. Vielleicht kommen Sie zu der Auffassung, dass der Gebühren-einzug die bessere Lösung ist."

Will sie das nicht begreifen, oder umgeht sie bewusst eine Antwort? Wenn ich nicht zugestimmt habe, kann ich auch nichts widerrufen. Das habe ich doch deutlich genug gesagt. Was soll's? Ich überhörte das Geschwätz.

Einen Einwand hatte ich noch.

„Ab wann gilt denn dieser Nachtrag? Ich habe dazu keine Festlegung gefunden."

„Ab sofort, denn der alte Vertrag ist ja mit diesem Vertrag aufgehoben worden."

Ich hakte nach:

„Wenn der Nachtrag ab sofort gilt, wird sicherlich zu meinen Lasten der neue Betrag von meinem Konto abgebucht, denn damit gilt dann auch der Satz:

'Aufgrund der widerruflich erteilten Einzugsermächtigung buchen wir vom Konto usw. ab.

Und ich hätte damit den Betrag für dieses Jahr zweimal bezahlt."

„Das wird nicht passieren, denn die Zahlungsweise gilt erst ab dem nächsten Jahr," wandte sie ein und führte fort, „wenn das passieren sollte, dann bekommen Sie den zu viel gezahlten Teil zurück."

„So ist das aber nicht in dem Nachtrag festgelegt. Wenn der Nachtrag ab sofort gilt, dann gelten auch alle Punkte, die darin festgeschrieben sind ab sofort und das gilt auch für die Zahlungsweise", gab ich zu verstehen.

Es ist doch ganz natürlich, dass ich vermeiden muss, dass der Jahres-beitrag doppelt abgebucht wird.

„Das ist richtig, aber in der Zentrale sehen die Mitarbeiter ja, dass Sie schon bezahlt haben. Demzufolge wird der Betrag kein zweites Mal gefordert."

Ich war skeptisch und sagte nachdenklich:

„Hoffentlich ist das so, denn großes Vertrauen habe ich zu Ihrer Ver-sicherung nicht."

„Sie können ganz beruhigt sein, das wird nicht passieren," warf sie ein.

Das Gespräch betrachtete ich als beendet, obwohl Unklarheiten blieben, aber wie soll man einem Konditor erklären wie ein Schwein geschlachtet wird, wenn er den Umgang mit Messern nicht gelernt hat.

Was bedeutet eigentlich der Begriff 'Kraftfahrt', so wie er in der Überschrift zum Nachtrag verwendet wurde?

Ich finde darauf keine Erklärung und in keinem noch so renommiertem Nachschlagewerk eine Bestimmung.

Bereits am nächsten Tag ging ich zur Bank, weil ein paar andere Dinge zu erledigen waren. Auf meinem Kontoauszug stand ein Betrag im Soll, den ich nicht gleich nachvollziehen konnte. Im Verwendungszweck stand ein Buchungstext, der zu dem Versicherungsunternehmen als Begünstigten führte.

Die Bedenken waren also berechtigt.

Mein Weg führte mich sofort in die Bank zu einem Bankberater.

„Was kann ich für Sie tun?" Lautete die Frage des Angestellten.

„Von meinem Konto ist ein Betrag abgebucht worden."

Bevor ich ausreden konnte fiel mir mein gegenüber ins Wort.

„Haben Sie den Auszug dabei?"

Das Blatt Papier lag vor mir. Ich reichte es ihm.

„Haben Sie den Betrag nicht angewiesen?"

Ich stellte mich erst einmal ahnungslos, obwohl mir klar war, wie diese Abbuchung zustande kam. Da ich aber diesen Betrag nicht zur Abbuchung angewiesen hatte, beantwortete ich seine Frage ruhigen Gewissens mit:

„Nein."

Er fragte weiter:

„Haben Sie vielleicht irgendwann eine Einzugsermächtigung erteilt?"

Auch hier musste ich verneinen. Denn erteilt habe ich keine.

„Überlegen Sie mal in aller Ruhe, ob das vielleicht doch der Fall ist, und sie haben eine Einzugsermächtigung unterschrieben."

„Nein, ich unterschreibe grundsätzlich keine Einzugsermächtigung", gab ich zu verstehen.

„Wir können das prüfen lassen, dazu ist ein Auftrag zu erteilen."

Er schob mir ein Stück Papier zu und deutete auf die Stelle, an der ich unterschreiben sollte. Da ich mir nicht vorstellen konnte, dass die Bank einen Prüfvorgang umsonst einleitet, stellte ich instinktiv die Frage:

„Kostet das etwas?"

„ Ja, die Prüfung ist kostenpflichtig", kam zur Antwort.

Weil ich die Ursache der Abbuchung kannte, zog ich mich aus der Affäre indem ich vorgab:

„ Ich werde alles noch einmal überschlafen."

„Wie denn nun kein Prüfungsauftrag?"

Der Bankkaufmann schien irritiert.

„Nein, kein Prüfungsauftrag", erwiderte ich.

Auf dem Heimweg schossen mir obskure Gedanken durchs Gehirn.

Wer das zustande kommen des Nachtrags bis zur Abbuchung eines Geldbetrages von meinem Konto verfolgt, der stellt fest, dass im Grunde genommen jeder, der die Kontonummer und die Bankleitzahl irgendeines Kontos erfährt, ohne Zustimmung des Kontoinhabers, ohne jegliche Vollmacht, von diesem Konto jeden beliebigen Betrag abbuchen lassen und auf ein fingiertes Konto, das er sofort nach Erhalt der Überweisung auflöst, überweisen lassen kann.

In meinem Fall gibt es weder eine Einzugsermächtigung, noch kann das Versicherungsunternehmen eine Vollmacht mit meiner Unterschrift vorweisen.

Diese Verfahrensweise lädt geradezu zu kriminellen Handlungen ein. Und jeder, der über ein gewisses Maß an krimineller Energie verfügt, logisch denken kann, wäre In der Lage, von jedem ihm bekannten Konto beliebig viel Geld abbuchen zu lassen.

Zum Glück verfügt nicht jeder über das Wissen, das ich mir gerade angeeignet habe. Dennoch versetzen mich diese Gedanken in Nachdenklichkeit und machen mir gewissermaßen auch Angst. Befinden wir uns in einer manipulierten Gesellschaft?

Fragen über Fragen tauchen auf.

Dem Tankwart habe ich nach dem tanken meine Visacard zur Rechnungsbegleichung gegeben. Nur weil er die Kontonummer und Bankleitzahl weiß, kann er von meinem Konto den Betrag abbuchen lassen?

Im Warenhaus habe ich einen Tag zuvor die neue Hose mit der Mastercard bezahlt. Auch die Kassiererin hat demzufolge Kenntnis von der Kontonummer und der Bankleitzahl.

Meinen Einkauf im Reformhaus habe ich mit der Eurocard beglichen. Auch dort sind demzufolge diese Zahlen bekannt.

Unbewusst, gedankenlos, vertraut jeder auf die Sicherheit zu seinen Bankkonten. Eine Sicherheit, die es offenbar gar nicht gibt. Mir scheint es ist trügerisch einer Bank zu Vertrauen und dort sein Geld zu deponieren. Vielleicht sollte man gar kein Girokonto haben?

Aber in dieser Gesellschaft geht nichts mehr ohne ein Girokonto.

In bar gibt es nur noch Transaktionen beim Obst- und Gemüsehändler, beim Bäcker und Friseur.

Gehalt, Rente, Arbeitslosengeld, Autoversicherungen, Steuern usw. lassen sich nur noch per Überweisung mit Inanspruchnahme eines Kreditinstitutes realisieren.

Wir alle sind abhängig von den Banken, sind Ihnen auf Gedeih und Verderb ausgeliefert, wie der Volksmund das so treffend sagt.

Diese unberechtigte Abbuchung muss ich irgendwie wieder rückgängig machen.

Seit dem Moment der Abbuchung arbeitet die Versicherungsgesellschaft mit meinem Geld. Mir steht es nicht mehr zur Verfügung. Ich kann damit nicht mehr planen. Die Bank zahlt mir auf meine Geldeinlage, die noch auf meinem Konto sein müsste, seit der Abbuchung keine Zinsen mehr.

Für Geld, das nicht mehr auf dem Konto ist, sind keine Zinsen zu erwarten.

Wer ist hier haftbar zu machen?

Vielleicht die Bank, die ohne meine Zustimmung von meinem Konto eine Geldtransaktion an eine Gesellschaft, die nicht berechtigt war, diese Transaktion vorgenommen hat?

Ist Sie zur Prüfung der Berechtigung verpflichtet?

Wie kann eine solche Berechtigung geprüft werden?

Handelt es sich um einen Akt der Versicherungsgesellschaft, die vielleicht in Kenntnis der Schwachstellen des Systems diese Schwachstellen bewusst in betrügerischer Absicht ausnutzt?

Besteht überhaupt eine betrügerische Absicht oder verschafft sich die Versicherungsgesellschaft nur einen zinslosen Kredit zu meinen Lasten?

Bis zur Rückerstattung sollte man sich eine solche Chance nicht entgehen lassen.

Immer neue Gedankenblitze durchkreuzen mein Gehirn.

Da dieses Versicherungsunternehmen weltweit agiert ist davon auszugehen, dass ständig etwa einhundert gleichartige Fälle auftreten. Hochgerechnet bringt das Unsummen.

Bei einem Versicherungsbeitrag wie den meinen, verschafft sich dieses Unternehmen ständig einen zinslosen Kredit von einer viertel Million Euro. Damit lassen sich jährlich leicht fünfundzwanzig tausend Euro an Zinsen einsparen. Dafür muss eine alte Frau ganz schön lange stricken.

Das gleiche trifft für die Telefongesellschaft, das Wasserwerk, die Straßenreinigung und auf die Fluggesellschaft easyJet zu, bei der die Fluggäste im Durchschnitt mehr als zwei Monate vor Antritt des Fluges den Flugschein bezahlen müssen.

Und wie ist es mit der Rückerstattung der verauslagten Kosten? Auch hier warte ich bei dieser Fluggesellschaft schon mehr als ein halbes Jahr auf mein Geld.

Mit Gewalt versuche ich diese Gedanken zu vertreiben.

Es kommt mir vor als seien ehrliche Bürger von Kakerlaken umgeben, die sich ständig vermehren und den Kuchen den jeder für sich gebacken hat bis auf den letzten Krümel verzehren wollen.

Ich forciere den Schritt um schneller nach Hause zu kommen, denn ich will sofort die Betreuerin der Versicherungsgesellschaft anrufen.

Frau Speichel ist natürlich nicht da.

Stattdessen schaltet sich ein Anrufvernichter ein und gibt mir zu verstehen, meinen Namen und die Telefonnummer auf das eingeschaltete Band zu sprechen.

Später ruft Frau Speichel zurück und meldet sich freundlich mit den Worten:

„Sie wollten mich sprechen?"

„Ja, ich war heute in der Bank und habe mir einen Kontoauszug ausgedruckt. Wie vermutet ist der Versicherungsbeitrag für das Auto ein zweites Mal abgebucht worden."

Sie tat erstaunt, „das kann doch nicht sein ... ".

Ich wollte mir das Geschwätz nicht anhören, deshalb sagte ich sehr bestimmt:

„Sie haben das verbockt, also bringen sie die Sache in Ordnung. Ich erwarte, dass innerhalb einer Woche der zu viel gezahlte Betrag wieder auf meinem Konto ist."

„Heute ist Freitag, da erreiche ich in der Zentrale niemanden mehr", gab sie mir zu verstehen.

„Es ist 12 Uhr, wie lange arbeiten denn Ihre Leute da?" Eine Antwort wartete ich nicht ab und sagte:

„Mir ist es egal wie sie das machen, ich will nur innerhalb einer Woche mein Geld zurück haben. Hinzu kommt, dass an dem Tage als ich den Nachtrag per Post erhielt, das Geld bereits eingezogen wurde.

Was ist hier fristgemäß? Ich hatte also gar keine Frist um den Nachtrag zu überdenken und ihn eventuell zurück zu weisen."

Damit erinnerte ich an die Passage im Nachtrag, die unter dem 'Widerspruchsrecht' stand. Verärgert legte ich den Hörer auf.

Bereits am Montagvormittag klingelte das Telefon. Frau Speichel meldete sich.

„Ich habe in der Zentrale angerufen. Der Betrag, den Sie überwiesen haben wird heute noch auf ihr Konto überwiesen. Die Ursache des Kontoeinzuges ergab sich deshalb, weil es technisch nicht möglich war den Differenzbetrag zu erstatten. Deshalb musste das so gemacht werden."

Eigentlich sollte mich das gar nicht interessieren, wie, warum und aus welchen Gründen, ob technisch notwendig oder aus welchem Grund auch immer der Kontoeinzug erfolgt ist. Es ist einfach eine unverfrorene Frechheit einen solchen Akt zu vollziehen. Was wäre z.B. passiert, wenn ich dieses Geld nicht oder nicht in ausreichender Höhe auf meinem Konto gehabt hätte? Die Bank hat mir einen Dispo-Kredit eingeräumt und der wäre zu meinen Lasten in Anspruch genommen und mit fünfzehn Prozent verzinst worden. Das wieder ins Lot zu bringen, hätte viel Zeit, Kosten und Mühe gekostet. Und das alles nur weil die Mitarbeiter der Versicherungsgesellschaft unüberlegt, nachlässig oder vorsätzlich so und nicht anders gehandelt haben.

Für mich war dieser Vorgang unverständlich. Vielleicht eine Art des organisierten Verbrechens? Warum sollte es nicht möglich sein, von dem, von mir überwiesenen Betrag den neuen Betrag gemäß dem Nachtrag abzuziehen und mir den Differenzbetrag zu erstatten.

Ich äußerte mich nicht zu der umständlichen Verfahrensweise. Vielleicht sind die Mitarbeiter der Versicherungsgesellschaft auch des Rechnens unkundig? Für mich war das lediglich eine primitive Ausrede. Erklärte mich aber mit dem Verfahrensweg einverstanden.

Einige Tage später rief sie erneut an und bat mich um einen Termin zwecks Beratung zur Altersabsicherung. Mein Interesse für eine solche so genannte Absicherung war gleich Null. Trotzdem ließ ich mich irgendwann darauf ein. Anhören könnte man sich das ja mal. Damit wird noch keine schlüssige Verpflichtung wirksam.

Wir vereinbarten einen Termin in ihrem Kellerbüro.

Warum ich den Nachtrag nach ihrem Anruf noch einmal in die Hand nahm, weiß ich nicht. Auf jeden Fall stellte ich plötzlich fest, dass bei den eingetragenen Personen, die für die Nutzung meines Kraftfahrzeuges festgelegt wurden, das Geburtsdatum meiner Frau nicht mit der Eintragung im Nachtrag übereinstimmte. Das kann nicht so bleiben. Damit wäre ein erneuter Widerspruch erforderlich.

Da der vereinbarte Termin bereits in wenigen Tagen sein sollte, nahm ich mir vor dieses Problem zur Sprache zu bringen.

Wir saßen vor dem Fernseher um uns einen Sportbericht anzusehen. Das Geschehen lief im Öffentlich, Rechtlichen.

In einem spannenden Moment wurde der Bildablauf für einen Werbebeitrag unterbrochen. Das ist für den Zuschauer immer ärgerlich. Offenbar wird aber gerade ein fesselnder Augenblick gewählt, denn nur dann sehen auch viele Zuschauer interessiert zu. Sie warten ja gespannt darauf, wie es wohl weiter gehen wird.

Auf eine Rechtsschutzversicherung bezog sich die Einblendung.

„Hast Du das gesehen", fragte mich Rogér.

„Ja."

„Läuft nicht Dein Vertrag mit diesem Versicherungsunternehmen?"

„Du hast Recht. Hab' ich das richtig gesehen? 3,89 Euro pro Monat soll der Versicherungsbeitrag kosten?"

„So habe ich das auch gesehen."

„Das wäre ja unglaublich. Ich zahle doch bei dieser Versicherung bedeutend mehr. Und das schon seit vielen Jahren."

„Such' mir doch bitte mal den Vertrag über die Rechtsschutzversicherung 'raus", bat ich ihn.

Er brachte mir den Ordner.

Der Beitrag im letzten Jahr betrug 172,77 Euro. Wenn ich die 3,89 Euro pro Monat mit zwölf Monaten für das Jahr multipliziere, dann käme ein Jahresbeitrag von 46,68 Euro heraus. Das bedeutet, dass ich gegenüber der Angabe in der Werbung fast viermal so viel Beitrag im Jahr zu zahlen habe.

Am nächsten Abend sah ich mir die Nachrichten im Fernsehen an. Darauf folgt in der Regel der Wetterbericht. Dazwischen liegt eine Pause. Diese wird zur Werbung genutzt. Hier lief ein Werbespot meiner Versicherung. Es ging wieder darum, neue Kunden für die Rechtsschutzversicherung zu gewinnen. Der Monatsbeitrag von 3,89 Euro wird deutlich angepriesen.

Mir fiel sofort die ausstehende Antwort des Versicherungsunternehmens zu meinem Schadenfall mit easyJet ein. Da sollte ich noch einmal nachhaken.

Der Monatsbeitrag von 3,89 Euro ging mir nicht aus dem Sinn.

Dieser Sache muss ich nachgehen. Am nächsten Tag setzte ich mich an den Computer, um eine dies bezügliche Anfrage an die Versicherungsgesellschaft zu schreiben.

Mit gleicher Post mahne ich die ausstehende Antwort zu meinem Schadenfall mit easyJet an.

Auf meine Anfrage erhielt ich bereits vier Tage später Post. Es handelte sich um ein Angebot der Versicherungsgesellschaft zum Vertragsabschluss für eine Rechtsschutzversicherung.

Eine Antwort auf meine Mahnung blieb aus. Ich hatte nichts anderes erwartet. Wenn ein Versicherungsunternehmen die Möglichkeit eines Vertragsabschlusses wittert, reagiert es sofort. Soll es aber für den Versicherten tätig werden, bleiben die Aktivitäten aus.

Wozu braucht man also eine Versicherung? Eine Frage die sich wie selbstverständlich aus der Sache ergibt.

Nun gut. Ich las mit Interesse das Angebot der Versicherungsgesellschaft zum Rechtsschutz. Dort stand:

„Sehr geehrter Herr X...,

herzlichen Dank für Ihr Interesse an Rechtsschutz. Beiliegend erhalten Sie die gewünschten Unterlagen.
Bitte sehen Sie unseren Vorschlag in aller Ruhe durch. Haben Sie noch Wünsche oder Fragen, so wenden Sie sich bitte an den oben angeführten

Ansprechpartner.
Warum brauchen Sie eine Rechtsschutzversicherung?
Sie können viel schneller in einem Rechtsstreit verwickelt werden als Sie glauben. Über 20 Millionen Straf-, Bußgeld- und Zivilverfahren werden in Deutschland pro Jahr verhandelt. Diese Streitigkeiten sind in vielen Fällen mit hohen Anwalts- und Gerichtskosten verbunden:

Kosten (z.B. im Zivilverfahren):

Streitwert	für 1. Instanz	für 2. Instanz	für 1. und 2. Instanz
2.500 EUR	1.422 EUR	1.887 EUR	3.309 EUR
25.000 EUR	6.084 EUR	8.093 EUR	14.177 EUR
255.000 EUR	20.963 EUR	27.610 EUR	48.573 EUR

Wir tragen folgende Kosten innerhalb Europas, den Anliegerstaaten des Mittelmeeres, auf den Kanarischen Inseln oder auf Madeira bis zur Deckungssumme von 250.000 EUR (im Optimal-Verkehrs-Rechtsschutz 500.000 EUR, in den weiteren Optimal-Versicherungsvorschlägen unbegrenzt), außerhalb dieses Bereiches weltweit bis zu einem Höchstbetrag von 25.000 EUR bei Aufenthalten dort bis zu 6 Wochen (in den Optimal-Versicherungsvorschlägen außer Optimal-Verkehrs-Rechtsschutz – 50.000 EUR bei bis zu zwölf Wochen) für:
- *die gesetzlichen Anwaltsgebühren*
- *Korrespondenzanwaltsgebühren bei Zivilprozessen, wenn Wohn- und Gerichtsort mehr als 100 km voneinander entfernt sind*
- *Gerichtskosten*
- *Schiedsgerichtskosten bis zur Höhe der Kosten des zuständigen staatlichen Gerichts für die erste Instanz*
- *Zeugenauslagen*
- *gerichtliche Sachverständigengebühren*
- *private, außergerichtliche Sachverständigenkosten bei Verkehrsstrafsachen und Kfz-Vertragsstreitigkeiten*
- *außergerichtliche Kosten eines Sachverständigen zur Durchsetzung von Schadenersatzansprüchen am Kfz bei Unfall im Ausland*
- *Kosten eines Dolmetschers im Zusammenhang mit der Verteidigung in Strafverfahren im Ausland*
- *Kosten für die Übersetzung der im Ausland für die Interessenwahrnehmung notwendigen schriftlichen Unterlagen*
- *Gebühren bei Verwaltungsbehörden*
- *Kosten der Gegenseite*
- *Notwendige Vorschüsse*
- *Reisekosten zum ausländischen Gerichtsort, wenn das persönliche Erscheinen angeordnet ist*
- *Strafkaution darlehensweise bis zu 50.000 EUR (in den Optimal-Versicherungsvorschlägen bis 100.000 EUR)*

Versicherte Personen sind natürliche und juristische Personen in ihrer Eigenschaft als:

- Verkehrsteilnehmer
- Privatpersonen
- Gewerbetreibende oder Freiberufler
Die Einzelheiten entnehmen Sie bitte dem beigefügten Angebot. Wir würden uns freuen, wenn unser Rechtsschutz Ihnen künftig helfen kann, an Ihr gutes Recht zu kommen."

Dieses Angebot zielt ausschließlich auf Probleme im Verkehrsrecht ab. So war das aber nicht aus der Werbung zu erkennen. Im Gegenteil, ich hätte nach der Darstellung in dem Werbebeitrag geschlussfolgert, dass es um den Rechtsanspruch aus dem Zivilrecht geht. Aber nichts von alledem. Ein typisches Beispiel für einen Bauernfang. Dachte ich.

Bei der näheren Betrachtung dieses Schreibens wird viel Polemik deutlich. Was soll im Anfang des Schreibens zum Beispiel folgender Satz?

„Warum brauchen Sie eine Rechtsschutzversicherung?"

Der Leser fragt sich automatisch, was soll das?

Jeder der ein solches Angebot einholt, hat doch für sich selbst bereits diese Frage beantwortet. Also ist eine derartige Fragestellung völlig überflüssig. Er holt doch ein solches Angebot ein, weil ihm klar ist, wie schnell er in einen Rechtsstreit verwickelt werden kann. Jedwede Erläuterung ist somit in diesem Angebot überflüssig.

Gedanklich streiche ich diese Polemik und betrachte als nächstes die aufgeführte Kostenübersicht mit der anschließenden Erläuterung.

Auch daraus ergeben sich ähnliche Fragen wie zuvor. Zumal die Tabelle mit dem erläuternden Text nicht korrespondiert. So wird die Tabelle überschrieben:

„Kosten (z.B. im Zivilverfahren)."

Die Kosten in der Tabelle werden für die 1. Instanz, die 2. Instanz und die 1. und 2. Instanz angegeben. Dabei wird ein Höchstwert von 48.573 Euro bezogen auf einen Streitwert von 255.000 Euro erreicht.

Im ersten erläuternden Satz nach der Tabelle wird Bezug auf eine Deckungssumme von 250.000 Euro genommen. Interessant für den Leser wäre, warum wird ein Bezug auf diese Deckungssumme genommen? Welche Bedeutung gewinnt dieser Bezug auf sein persönliches Anliegen? Wie hoch ist in einem solchen Fall der Streitwert? Welche Aussage hat überhaupt diese Deckungssumme?

Wer weiter liest, stellt sich die Frage, was ist *„ein Optimal-Verkehrs-Rechtsschutz?"* Und was sind *„Optimal-Versicherungsvorschläge?"* Erläuterungen fehlen.

Ungeachtet dessen, ergeben sich aus dem Angebot viele Fragen. Aber lassen wir das, für mich wird sich nichts ändern, ich bleibe bei meiner Rechtsschutzversicherung so wie sie abgeschlossen ist.

Am 05. Januar 200Y nehme ich telefonisch Kontakt mit der Rechtsschutz-Schadenstelle auf. Einem Herrn F... erläutere ich das Problem. Bereits am Telefon erteilt er mir eine Schadennummer unter der unser Vorgang zukünftig geführt werden soll.

Durch Herrn F... wird der Kostenschutz über meine Versicherung zugesagt. Herr F... schlägt mir vor zur ersten Konsultation mich mit einem Rechtsanwalt telefonisch zu verbinden.

Ich willige ein.

Nach mehrmaligem klingeln meldet sich ein Rechtsanwalt W... in Düren. Ich erläutere ihm den Vorfall. Er meint:

„Die Klage kann sich in jedem Falle auch auf das Abkommen von Montreal stützen."

Mein Einwand:

„Es gibt doch die EU-Verordnung 261/2004 vom 17. Februar 2005. Ich glaube danach sollte eine Klage aufgebaut werden."

Da er offenbar nicht sachkundig ist und diese EU-Verordnung scheinbar nicht kennt, wendet er ein:

„ Möglich wäre auch eine Klage wegen Nichterfüllung. Schließlich wurden zugesagte Vertragsleistungen zum Termin nicht erbracht."

Nach weiterem Wortwechsel schlägt er vor, mich mit einem anderen Anwaltskollegen in Köln zu verbinden:

„Der kennt sich in solchen Fällen besser aus."

Mein Einwand:

„Das kann ich nicht entscheiden, für die Kostenübernahme ist meine Versicherung zuständig und für eine weitere telefonische Beratung müsste diese Stelle erst zustimmen."

Ich bitte ihn deshalb das Gespräch erst einmal nach Berlin an die Versicherung zu Herrn F... zurückzugeben.

Daraufhin meint er:

„Ich werde mit Herrn F... sprechen, dann wird Sie mein Kollege anrufen."

Bald darauf klingelt das Telefon.

Es meldet sich der Rechtsanwalt Z... aus Köln. Sein Anwaltskollege aus Düren hatte ihn bereits flüchtig in den Vorgang eingeführt. Anfangs erscheint er kompetenter als Herr W... aus Düren. Doch je tiefer ich in die Problematik eindringe, desto deutlicher wird, dass bei ihm ebenfalls kein fundiertes Wissen verfügbar ist.

Um das Gespräch taktvoll zu beenden, gebe ich ihm zu verstehen, dass es wohl sinnvoll sein würde, wenn der uns zu vertretende Rechtsanwalt an unserem Wohnort in Berlin ansässig wäre, dann könnte eine Beratung persönlich in der Kanzlei erfolgen und der Austausch erforderlicher Dokumente ist ebenfalls leichter.

Da er offenbar sein Unvermögen in dieser Sache ebenfalls erkennt und aufgrund meines Vorschlages einen günstigen Weg sieht, aus diesem jetzt peinlichen Gespräch, ohne Kompetenzverlust herauszukommen, ist er sofort mit meinem Vorschlag einverstanden.

Ich informiere Herrn F... bei der Versicherung vom Ergebnis der telefonischen Anwaltskonsultation. Herr F... entscheidet:

„Die Bearbeitung wird als Auslandsschaden durch Frau W... erfolgen. Frau W... wird sich schriftlich mit Ihnen in Verbindung setzen."

Bereits zwei Tage danach kommt das Schreiben von der A-z Rechtsschutz-Service GmbH.

Es ist von Frau W... verfasst und hat folgenden Wortlaut:

Herr X...
Anschrift

06.01.200Y

P Rechtsschutz-S
Schadennummer: 10 RS xxxxxxxxx
RS-Fall vom 27.09.200X zu PRS 10 xxxxxxxxx

Sehr geehrter Herr X... ,

leider haben wir Sie telefonisch nicht erreicht.

Um einen Anwalt in Ihrer Angelegenheit beauftragen zu können, bitten wir Sie um Übersendung der Ihnen vorliegenden Unterlagen, die den Sachstand wiedergeben, der Höhe nach belegen und bestätigen.

Bitte reichen Sie uns auch eine kurze Sachverhaltsschilderung ein. Diese werden wir dem Anwalt zur weiteren Veranlassung vorlegen.

Wir werden gern für Sie einen Anwalt beauftragen (von der Beauftragung erhalten Sie eine Kopie). Dieser setzt sich dann zur weiteren Klärung mit Ihnen in Verbindung.

Um dieses in die Wege leiten zu können, bitten wir Sie um Herreichung der erbetenen Unterlagen.

Für Fragen stehen wir Ihnen selbstverständlich gern telefonisch zur Verfügung.

Mit freundlichen Grüßen
Ihre A-z Rechtsschutz-Service GmbH

Die geforderten Unterlagen zusammenzustellen ist mit erheblichem Aufwand verbunden. Einige Tage später bringe ich diese mit dem folgenden Schreiben auf den Weg:

A-z Rechtsschutz-Service GmbH
-im Auftrag der A-z Versicherungs-AG-
Adresse in Berlin

15.01.200Y

P Rechtsschutz-S
Schadennummer: 10 RS xxxxxxxxx
RS-Fall vom 27.09.200X zu PRS 10 xxxxxxxxx
Ihr Schreiben vom 06.01.200Y, Frau W ...

Sehr geehrte Frau W...,

beiliegend erhalten sie Kopien zu unserem Problem mit dem Luftverkehrs-unternehmen easyJet. Aus dem Schreiben an easyJet vom 21.10.200X können sie unsere Forderungen in Höhe von 1034,27 € entnehmen. Die Originalrechnungen wurden gemäß der Mitteilung des Schalterpersonals von easyJet in Newcastle an die Fluggesellschaft geschickt.

Der gegenwärtige Stand ist, dass easyJet uns am vorgesehenen Tag der Beförderung (27.09.0X) in Newcastle mitteilte, eine Beförderung wird nicht stattfinden, da das Flugzeug aus Berlin-Schönefeld nicht nach Newcastle kam und demzufolge an diesem Tag ein Rückflug nicht erfolgen wird.

Zwischen 11 Uhr (unserem Eintreffen am Schalter) und 12:30 Uhr (dem vorgesehenen Abfertigungsschluß) kam kein weiterer Fluggast mit dem gleichen Problem an den Schalter von easyJet.

Daraus ist eventuell zu schlussfolgern, dass für den 27.09.0X gar kein Flug von Newcastle nach Berlin vorgesehen war. Hinzu kommt, dass eine Umbuchung für den Folgetag am Schalter von easyJet völlig problemlos erfolgte, und das, obwohl die Maschinen von easyJet im Allgemeinen ausgebucht sind.

Eine Annullierung des Fluges am 27.09.0X, aufgrund außergewöhnlicher Umstände, wurde von easyJet nicht angegeben und auch bis heute nicht nachgewiesen.

Da easyJet auf unsere Schreiben vom 29.09.0X und 21.10.0X nicht reagierte, haben wir uns an das Luftfahrt-Bundesamt in Braunschweig, als zuständige Bundesaufsichtsbehörde und an die Europäische Kommission in Brüssel gewandt.

Die entsprechenden Antworten und die Reaktionen von easyJet liegen als Kopie bei.

Darüber hinaus fügen wir eine Kopie des Faltblattes „Fluggastrechte", wie es im Flughafen Berlin-Schönefeld am Informationsschalter und am Buchungsschalter von easyJet auf Anforderung ausgegeben wird, bei. Diese Fluggastrechte sind geltendes EU-Recht seit dem 17.02.2005 und basieren auf der EU-Verordnung (EWG) 261/2004.

Sollten Rückfragen erforderlich sein, stehen wir Ihnen unter der Ihnen bekannten Telefonnummer zur Verfügung.

Mit freundlichen Grüßen
Unterschrift

15 Anlagen mit 36 Seiten:

- Flug-Ticket vom 19.06.200X (1 Seite)
- „Fluggastrechte" (Faltblatt/Kopie, 4 Seiten)
- Schreiben an easyJet vom 29.09.200X (1 Seite)
- Schreiben an easyJet vom 21.10.200X (1 Seite)
- Schreiben des Luftfahrt-Bundesamtes vom 04.11.200X
  (2 Seiten) mit
    - Informationsblatt des LBA zu Fluggastrechten (6 Seiten)
- Schreiben an das Luftfahrt-Bundesamt vom 20.11.200X
  (1 Seite) mit
    - Beschwerde wegen Verstoßes gegen Artikel 5 der
      EU-Verordnung Nr. 261/2004
    - Annullierung (5 Seiten)
- Schreiben des Luftfahrt-Bundesamtes vom 22.11.200X
  (2 Seiten)
- Schreiben des Luftfahrt-Bundesamtes vom 24.11.200X (1 Seite)
- Schreiben von easyJet vom 21.11.200X (2 Seiten)
- Schreiben an easyJet vom 27.11.200X (2 Seiten)
- Schreiben an das Luftfahrt-Bundesamt vom 27.11.200X
  (1 Seite)
- Schreiben an die Europäische Kommission/Generaldirektion
  Energie und Verkehr
    - Fluggastrechte – vom 27.11.200X (2 Seiten)
- Schreiben des Luftfahrt-Bundesamtes vom 01.12.200X (1 Seite)
- Schreiben von easyJet vom 05.12.200X (2 Seiten)
- Schreiben der Europäischen Kommission/Generaldirektion
  Energie und Verkehr vom 14.12.200X (2 Seiten)

Unabhängig vom Fortgang der eingeleiteten Maßnahmen zur Verfolgung unseres Rechtsanspruchs, wollen wir einen Hinweis von easyJet aufgreifen und schreiben deshalb an die Fluggesellschaft:

easyJet Airline Company Limited
easyLand
London Luton Airport
Bedfordshire
LU2 9LS
UK United Kingdom

                                      25. Januar 200Y

Buchungsnummer: E7DSxxx
Ihre Referenz: E105xxxx
Ihr Schreiben vom 05. Dezember 200X, Posteingang 27. Dezember 200X
Nichtbeförderung durch Annullierung des Fluges am 27.Sept.200X von Newcastle nach Berlin
Passagiere: 1. X... , 2. Y... , 3. Z...

Sehr geehrte Frau W...,

im oben genannten Schreiben teilen Sie im 2. Absatz mit:

„Deshalb übernehmen wir keinerlei Verantwortung für entstehende Extrakosten. Ich rate Ihnen in diesem Falle, Ihre Reiseversicherung in Anspruch zu nehmen. Auf Anfrage stelle ich Ihnen gerne nötige Dokumente aus."

Wir bitten Sie, uns die nötigen Dokumente auszustellen.

Ungeachtet dessen, weisen wir nochmals daraufhin, dass uns in Newcastle, am Schalter von easyJet, auf unsere Anfrage, was mit der Übernahme der Kosten für Übernachtungen, Mahlzeiten und Getränke ist, mitgeteilt wurde, dass wir die Kosten auslegen müssen und die Originalquittungen zwecks Kostenerstattung an easyJet schicken sollen. Zu diesem Zweck hat uns das Personal einen Handzettel mit Ihrer Adresse ausgehändigt.

Das heißt, wir bestehen nach wie vor auf Erfüllung unserer Forderungen, sind aber bereit uns mit der anderen Möglichkeit auseinanderzusetzen.

Mit freundlichem Gruß
Unterschrift

Wir wollen mal sehen wie easyJet darauf reagiert. Natürlich versprechen wir uns von dieser Aktion nichts. Denn was soll wohl eine Reiseversicherung mit einem solchen Vorgang anfangen. Jedwede Zuständigkeit wird mit Sicherheit verweigert. Allein die Kenntnis von der EU-Verordnung 261/2004 wird bei jeder Reiseversicherung zum Zuständigkeitsverweis an die Fluggesellschaft zurückführen. Es wäre wie Spiegelfechten. Also ist dieser Gedanke bereits zu verwerfen, da das nicht zum Erfolg führen kann.

Für bedeutungsvoller halte ich es, jetzt mit diesem Vorgang in die Öffentlichkeit zu gehen. Bisher hatte ich auf diese Weise auch in anderen Fällen die größeren Erfolge zu verzeichnen. Hier finden sich in der breiten Masse der Leser oder Zuhörer immer Gleichgesinnte, die oft dasselbe oder ein ähnliches Problem haben. Hinzu kommt, welches Unternehmen möchte schon mit einer negativen Zeile im Blickpunkt der Öffentlichkeit stehen? Das schadet einem positiven Image und schreckt eventuell potentielle Kunden ab.

Was ist zu tun? Wen kann ich dafür gewinnen, diese Sache zu veröffentlichen? Wo ist es sinnvoll zu plazieren?

Ist eine Zeitung, der Rundfunk oder das Fernsehen am geeignetsten?

Mit einem befreundeten Redakteur einer großen Zeitung treffe ich mich. Wir besprechen den Fall.

Lutz meint:

„In unserer Zeitung können wir das bringen, aber interessanter wäre vielleicht ein kleines Rundfunkinterview. Im Haus des Rundfunks arbeitet der Dieter Mäder. Für den wäre das genau der richtige Fall. Schreibe ihn an und schildere den Vorfall. Du wirst sehen, der meldet sich und Du hast Deine Story im Radio."

„Danke für den Hinweis. So werde ich es machen."

In den nächsten Tagen tut sich nichts. Deshalb entschließe ich mich an die Luftfahrtaufsichtsbehörde von Großbritannien zu schreiben, schließlich liegt von dort ebenfalls noch keine Antwort vor:

Air Transport Users Council
Room K705 – CAA House
45-49 Kingsway
LONDON WC2B 6TE
UNITED KINGDOM

03.02.200Y

Verordnung (EG) Nr. 261/2004 (sog. „Denied-Boarding-Verordnung") - Übersendung einer Beschwerde gemäß Artikel 16 der Verordnung durch das Luftfahrt-Bundesamt 38020 Braunschweig (Beschwerde von X ... vom 20.11.200X über das Luftfahrtunternehmen easyJet)

Sehr geehrte Damen und Herren,

unsere Beschwerde vom 20.11.200X wurde Ihnen als zuständige Durchsetzungsbehörde zur weiteren Bearbeitung vom Luftfahrt-Bundesamt der Bundesrepublik Deutschland im November 200X übersandt.

Leider haben wir von Ihnen bisher noch keine Nachricht erhalten.

EasyJet lehnt die Begleichung unserer Forderungen ab und verstößt damit gegen die Verordnung der Europäischen Union. Die Kopien beiliegender Schreiben dokumentieren die ablehnende Haltung von easyJet.

Bitte teilen Sie uns mit, welche Schritte Sie gegen das Luftfahrtunternehmen easyJet eingeleitet haben, um die Durchsetzung der Verordnung (EG) 261/2004 sicherzustellen und uns zu unserem Recht zu verhelfen.

Mit freundlichen Grüßen
Unterschrift

2 Anlagen

Auch dieses Schreiben habe ich mehr oder weniger nur verfasst, um wieder ein wenig Bewegung in die Angelegenheit zu bringen. Denn wer die Arbeit von Behörden kennt, der weiß, auch hier wird nicht viel zu erwarten sein.

Im Grunde genommen ist das Maß voll. Deshalb schreibe ich jetzt an das Haus des Rundfunks.

Haus des Rundfunks
Radio Berlin 88acht
Herrn Dieter Mäder
Masurenallee 8-14
14057 Berlin

04.02.200Y

Stichwort: Nicht zu fassen

Sehr geehrter Herr Mäder!

Wir wenden uns heute an Sie, mit der bitte um Unterstützung.

Im September 200X bin ich mit meiner Frau und meinem Sohn mit der Fluggesellschaft easyJet nach Newcastle in England geflogen.

Als wir uns am 27. September 200X termingemäß zum Einschecken von Newcastle nach Berlin am Abfertigungsschalter meldeten wurde uns mitgeteilt, dass dieser Flug annulliert ist.

Am Schalter von easyJet wurde unser Rückflug ohne Diskussion auf den 28. September umgebucht.

Warum das Flugzeug am 27.09. nicht fliegen sollte, konnten wir nicht erfahren.

Die Frau am Schalter war uns behilflich, ein Hotel für die folgende Nacht zu finden. Die Kosten für Übernachtungen, Mahlzeiten und Getränken sollten wir verauslagen, die Quittungen sammeln und an easyJet in London schicken. Ein Handzettel mit der Adresse wurde uns ausgehändigt.

Nachdenklich stimmte uns, dass in der Zeit bis 12:30 Uhr (Schalterschluß für den planmäßigen Abflug) kein weiterer Fluggast mit dem gleichen Problem kam, obwohl die Flüge bei easyJet doch immer so gut wie ausgebucht sind.

Am nächsten Tag, in Berlin-Schönefeld gelandet, kontaktierten wir den Schalter von easyJet und den der Flughafeninformation. Von beiden wurden uns Informationszettel über die Rechte der Fluggäste bei Verspätungen und Annullierungen ausgehändigt.

Seit dem 17. Februar 2005 gilt die EU-Verordnung (EG) Nr. 261/2004 über „Ausgleichs- und Unterstützungsleistungen für Fluggäste im Fall der Nichtbeförderung und bei Annullierung oder großer Verspätung von Flügen."

Am 29. September haben wir entsprechend der EU Verordnung unsere Forderungen an die Fluggesellschaft einschließlich der Originalquittungen für Übernachtungen, Mahlzeiten und Getränke geschickt.

EasyJet hatte erst einmal wochenlang nicht reagiert. Das auch auf einen zweiten Brief mit Anmahnung nicht.

Wir haben uns dann an das Luftfahrt-Bundesamt (Bereich Fluggastrechte) in Braunschweig als zuständige Aufsichtsbehörde in Deutschland gewendet. In Braunschweig wurde der Vorgang registriert. Unterstützung haben wir von dort nicht erfahren, und das obwohl die eigene Aussage; „Das Luftfahrt-Bundesamt ist die zuständige Behörde für die Durchsetzung der EU-Verordnung (EWG) 261/2004 in Deutschland," anders lautete.

Am 21. November 200X kam von easyJet eine Antwort. Hierin heißt es: „Sie erhielten eine Umbuchung auf den frühest möglichen Flug zu ihrem Bestimmungsort. Daher muss ich Ihnen mitteilen, dass easyJet keine weiteren Kosten übernimmt."

Damit waren wir natürlich nicht einverstanden. Kopie und erneutes Schreiben sandten wir an das Luftfahrt-Bundesamt. In der Antwort wurde uns mitgeteilt: „Wenden Sie sich mit Ihren weiteren Fragen bitte an die englische Durchsetzungsstelle." Eine Adresse in London wurde uns benannt.

Diese Arbeitsweise wirft die Frage auf, ist das Luftfahrt-Bundesamt (Bereich Fluggastrechte) überflüssig, wenn es sich doch gar nicht für die Einhaltung der Verordnung (EWG) 261/2004 im Sinne der Fluggäste in Deutschland einsetzt?

Es heißt in dem Schreiben des Luftfahrt-Bundesamtes vom 01. Dezember 200X:

„In diesem Zusammenhang weisen wir darauf hin, dass die in unserem Hause eingehenden und durch das LBA zu bearbeitenden Passagierbeschwerden nach entsprechender Auswertung der Überwachung dienen, ob die betroffenen Luftfahrtunternehmen ihren Verpflichtungen o.g. Verordnung ausreichend nachkommen. Wenn aus dieser Auswertung systematische Verstöße eines Luftfahrtunternehmens erkennbar sind, so werden diese Unternehmen durch das Luftfahrt-Bundesamt zur Abstellung der Defizite veranlasst. Ggf. sind dabei auch Sanktionen gegen das Unternehmen zu verhängen."

Was sind nun systematische Verstöße?

In dem Schreiben heißt es weiter: „Jedoch gehört es nicht zu den Aufgaben des Luftfahrt-Bundesamtes, Gutachten über einzelne Vorgänge zu erstellen oder darüber zu entscheiden, ob Ihnen gegenüber diesem Luftfahrtunternehmen ein privatrechtlicher Anspruch zusteht. Sollten Sie mit der Reaktion des Luftfahrtunternehmens Ihnen gegenüber nicht einverstanden sein, so steht es Ihnen frei, die Angelegenheit unmittelbar mit dem o.g. Luftfahrtunternehmen weiter zu verfolgen ...".

Wir dachten eigentlich, das Luftfahrt-Bundesamt (Bereich Fluggastrechte) ist so, wie es selbst angibt, für die Durchsetzung der EU-Verordnung (EWG) 261/2004 in Deutschland zuständig. Wenn sich die Zuständigkeit nur auf die Registrierung von gemeldeten Verstößen gegen diese Verordnung begrenzt, ist nach unserer Meinung dieses Amt überflüssig. Hier könnte die Bundesregierung erhebliche Kosten einsparen.

Nach der Pleite in Deutschland und in England haben wir uns an die Europäische Kommission, Generaldirektion Energie und Verkehr in

Brüssel gewandt. Dies ist die oberste Aufsichtsbehörde für derartige Vorfälle.

In dem Antwortschreiben heißt es:

„Die neue Verordnung über Fluggastrechte [Verordnung (EG) Nr. 261/2004], die am 17. Februar 2005 in Kraft trat, verpflichtet die Mitgliedsstaaten u.a. dazu, Stellen für die Durchsetzung der Verordnung zu benennen, die sich in erster Instanz mit derartigen Beschwerden von Fluggästen befassen und für die korrekte Anwendung der Fluggastrechte sorgen müssen. Dieses neue Instrument, das auf eine legislative Initiative der Kommission zurückgeht, trägt dazu bei, langwierige und kostspielige Gerichtsverfahren zwischen den Fluggästen und Luftfahrtunternehmen zu vermeiden.

Was Ihren persönlichen Fall betrifft, so kann ich Ihnen mitteilen, dass nicht beförderte Fluggäste nach der Verordnung (EG) Nr. 261/2004 Anspruch auf umfassende Betreuungsleistungen (Mahlzeiten, Getränke, Kommunikationsmöglichkeiten und, falls erforderlich, Übernachtung in einem Hotel) haben, selbst wenn die Verspätung oder Annullierung auf außergewöhnliche Umstände oder höhere Gewalt zurückzuführen ist.“

Brüssel gibt uns Recht. Wir liegen mit unseren Forderungen richtig. Nur hilft uns das nicht weiter.

EasyJet hat in der Zwischenzeit erneut geantwortet. In dem Schreiben heißt es unter anderem:

„Auch nach erfolgter Reservation können wir unsere Flugpläne jederzeit ändern und/oder Flüge annullieren, einstellen, umleiten, verschieben oder später starten lassen, wenn dies nach unserer Einschätzung durch Umstände, die sich unserem Einfluss entziehen, oder aus Sicherheitsgründen gerechtfertigt ist.

Deshalb übernehmen wir keinerlei Verantwortung für entstehende Extra-Kosten. ... Wir haben, laut des EU-Rechts unseren Vertrag erfüllt, indem wir Sie umsonst umgebucht haben.“

Welche Umstände lagen eigentlich vor, diesen Flug zu annullieren? Oder war er gar nicht geplant? Auf diese Frage gab es bis heute keine Antwort.

Da gibt es eine EU-Verordnung (EWG) 261/2004, das Abkommen von Montreal und Fluggesellschaften wie easyJet, die nicht bereit sind sich an internationales Recht zu halten. Das Luftfahrt-Bundesamt als Aufsichtsbehörde registriert nur den Fall, ist aber nicht bereit die Fluggäste zu unterstützen und gegen die Fluggesellschaft vorzugehen.

Es ist nicht zu fassen.

Warum können Fluggesellschaften gegen geltendes Recht verstoßen ohne dafür belangt zu werden? Wie lange dürfen solche Fluggesellschaften, die das Recht der Passagiere mit Füßen treten, noch Deutsche und Europäische Flughäfen anfliegen.

Wir wären Ihnen dankbar, wenn Sie diesen Fall aufgreifen und uns bei der Durchsetzung unserer Ansprüche unterstützen.

Mit freundlichen Grüßen
Unterschrift

PS.   Nicht zu fassen: EasyJet scheint weder von der EU-Verordnung (EWG) 261/2004 noch von dem Montrealer Abkommen über Fluggastrechte Kenntnis zu haben. Oder will es nicht?

Mal sehen was dabei raus kommt.

Am nächsten Tag schreibe ich erneut an die Versicherung, denn die Mitarbeiter lassen sich auch viel Zeit mit der Bearbeitung des Vorgangs.

A-z Rechtsschutz-Service GmbH
-im Auftrag der A-z Versicherungs-AG-
Adresse in Berlin

05.02.200Y

P Rechtsschutz-S
Schadennummer: 10 RS xxxxxxxxx
RS-Fall vom 27.09.200X zu PRS 10 xxxxxxxxx
Ihr Schreiben vom 06.01.200Y, Frau W...

Sehr geehrte Damen und Herren,

am 05.01.200Y haben Sie mir die o.g. Schadennummer telefonisch mitgeteilt. Frau W... wollte mich angeblich am 06.01.200Y telefonisch erreichen. Ich habe den ganzen Tag vergeblich auf diesen Anruf gewartet. Einige Tage später hat mich o.g. Schreiben erreicht. Ich habe daraufhin den zu diesem Schadenfall vorliegenden kompletten Schriftsatz zusammengestellt und Ihnen per Post zugesandt. Seitdem sind mehr als drei Wochen vergangen. Ich habe weder eine Antwort noch die angekündigte Kopie mit der Beauftragung eines entsprechenden Anwalts erhalten. Mich interessiert natürlich, wie geht es weiter in dieser Angelegenheit? Dies insbesondere, wo der Sachverhalt doch eindeutig ist und alle Fakten bei der Gesetzeslage für uns sprechen. Gerade deshalb ist für uns diese zeitliche Verzögerung unverständlich. Oder gibt es keinen Anwalt der fachlich in der Lage ist, diesen Streitfall zu übernehmen? Diesen Eindruck hatte ich allerdings bekommen, als ich mich mit den von Ihrem Mitarbeiter Herrn F... vermittelten Anwälten Herrn W... in Düren und Fachanwalt Herrn Z... in Köln unterhielt.

Bitte teilen Sie uns den Stand ihrer Bemühungen mit.

Mit freundlichen Grüßen
Unterschrift

Am 07.02.200Y klingelt das Telefon. Herr Mäder vom Radio Berlin Brandenburg (RBB) meldet sich. Er hat unser Schreiben erhalten.

„Ich benötige noch ein paar Unterlagen."
Wir sprechen notwendige Details ab.
„Kopien der Schreiben werde ich anfertigen und sofort auf den Weg bringen."
„Wenn ich die erhalten habe melde ich mich wieder. Beabsichtigt ist dies in meiner Sendung *'Nicht zu fassen'* bei 88acht zu bringen."

Noch am gleichen Tag schicke ich ein Anschreiben mit den Unterlagen an:

Radio Berlin Brandenburg
Herrn Dieter Mäder
Anschrift in Berlin

08.02.200Y

Stichwort: Nicht zu fassen
Ihr Anruf vom 08.02.200Y

Sehr geehrter Herr Mäder,

wir bedanken uns, dass Sie sich mit unserem Fall befassen.

Absprachegemäß erhalten Sie in Kopie fünf Schreiben des Schriftverkehrs zwischen der Flugesellschaft easyJet und uns. Zu bemerken wäre noch, dass der per Luftpost beförderte Brief von easyJet, datiert mit dem 05. Dezember 200X erst am 23.12.200X bei uns eintraf.

Viel Erfolg!

Mit freundlichen Grüßen
Unterschrift   5 Anlagen

Einige Tage danach kommt die Antwort von easyJet mit dem Wortlaut:

Herr X...
Anschrift

Mittwoch, 8. Februar 200Y

Buchungsnummer: E7DSxxx
Fallnummer: E112xxxx

Sehr geehrter Herr X...,

vielen Dank für Ihren Brief mit dem Sie Bezug auf die Rückerstattung der Flugkosten durch Ihre Reiseversicherung nehmen.

Nach Überprüfung Ihrer Buchung bestätigen wir Ihnen folgende Details:

Der gebuchte Flug von Newcastle nach Berlin Schönefeld, Abflug am 27. September 200X um 13:05 Uhr, konnte nicht in Anspruch genommen werden, da der Flug auf den 28. September verschoben werden musste. Alle Anstrengungen wurden unternommen, um die Passagiere zu informieren. Benachrichtigungen wurden rausgeschickt.

Wie Ihnen bekannt ist, können Flüge von easyJet nicht zurückerstattet werden.

Die Passagiere haben den Flug am 28. September angetreten.

Die Buchung ist für drei Personen:
01. Herrn X...
02. Frau Y...
03. Herrn Z...

Wir gehen davon aus, dass dieses Schreiben für Ihre Versicherung ausreichend ist. Falls Sie weitere Fragen haben oder zusätzliche Informationen benötigen, wenden sie sich bitte wieder an uns.

Sie können uns anrufen unter 01803 654 321 (Deutschland) oder unter 0848 888 222 (Schweiz). Oder sie schicken uns einfach eine E-Mail.

Mit freundlichen Grüßen
Unterschrift
easyJet Kundendienst

Dieses Schreiben ist für uns natürlich völlig unbrauchbar.
Hinzu kommt die Frage:

Wenn Benachrichtigungen von der Fluggesellschaft rausgeschickt wurden, an wen waren diese adressiert?
Bei uns ist jedenfalls keine angekommen.
Allein diese Behauptung von easyJet wird wohl keiner Prüfung standhalten.
Dieses Schreiben ist etwas für den Papierkorb.

Zeit vergeht, nichts passiert. Die Rechtsschutzversicherung rührt sich nicht. Da muss ich nachhaken.
Deshalb folgendes Schreiben:

A-z Rechtsschutz-Service GmbH
-im Auftrag der A-z Versicherungs-AG-
Anschrift in Berlin

> *21.02.200Y*

P Rechtsschutz-S
Schadennummer: 10 RS xxxxxxxxx
RS-Fall vom 27.09.200X zu PRS 10 xxxxxxxxx

Sehr geehrte Damen und Herren,

viel Zeit ist vergangen, seit ich am 05.01.0Y von Ihnen die Schadennummer zum o.g. Vorgang erhalten habe.

Aufgrund Ihrer Anforderung vom 06.01.200Y hatte ich Ihnen den gesamten Vorgang zugesandt.

Wie Sie mir im Januar mitteilten, wollten Sie einen Anwalt zwecks Durchsetzung der Forderungen beauftragen. Von der Beauftragung sollte ich eine Kopie erhalten. Weil Sie in der Sache säumig waren, habe ich Sie am 05.02.0Y gebeten, endlich tätig zu werden. Bis heute ist nichts geschehen.

Seit vielen Jahren habe ich einen Vertrag zur Rechtsschutzversicherung mit der A-z. Dieser Vertrag ist offensichtlich einseitig, da ich jährlich die von Ihnen geforderten recht hohen Gebühren bezahle, damit dazu beitrage, dass Arbeitsplätze in ihrem Unternehmen gesichert werden, aber keine Gegenleistung erfolgt. Nun erwarte ich einmal eine Gegenleistung, aber die Mitarbeiter der A-z sind untätig. Bis heute habe ich keine Reaktion auf meine Aktivitäten erfahren. Weder der Eingang der Unterlagen zum Vorgang wurde bestätigt, noch habe ich eine Antwort auf mein Schreiben vom 05.02.0Y erhalten.

Wie lange soll ich noch warten?

Eine derartige Bearbeitung eines Schadenfalls stellt das Renommee der A-z ernsthaft in Frage.

Sollten Sie nicht in der Lage sein diesen Vorgang weiter zu bearbeiten, dann bitte ich um Mitteilung und um eine Aussage, ob ich tätig werden muss, um einen geeigneten Anwalt zu beauftragen. Ich erwarte Ihre Antwort bis zum 07.03.200Y.

Mit freundlichem Gruß
Unterschrift

Das Schreiben von easyJet will ich noch mit folgendem Text beantworten:

easyJet Airline Company Limited
easyLand
London Luton Airport
Bedfordshire
LU2 9LS
UK United Kingdom

22. Februar 200Y

Buchungsnummer: E7DSxxx
Ihre Referenz: E105xxxx
Ihr Schreiben vom 8. Februar 200Y
Fallnummer: E112xxxx
Nichtbeförderung durch Annullierung des Fluges am 27.Sept.200X von Newcastle nach Berlin
Passagiere: 1. X..., 2. Y..., 3. Z...

Sehr geehrte Damen und Herren!

Vielen Dank für Ihren Brief vom 08.02.200Y. Nur geht es nicht um die Rückerstattung von Flugkosten durch die Reiseversicherung, sondern um die Erstattung der Kosten und Entschädigungen, die uns durch die Annullierung des Fluges am 25. September 200X durch easyJet entstanden und auf die wir gemäß der Verordnung über Fluggastrechte [Verordnung (EG) Nr. 261/2004] Anspruch haben.

Die Inanspruchnahme einer Reiseversicherung ist nicht möglich, da die gesetzlichen Bestimmungen eindeutig das Flugunternehmen, das durch Annullierung des Fluges am 27. September 200X von Newcastle nach Berlin-Schönefeld, hier easyJet, als Verursacher des Schadens für die Kosten eintreten muss.

Das heißt, dass unser Anspruch, so wie in unseren Schreiben vom 29.09.0X und 21.10.0X formuliert, bestehen bleibt und durch Ihr Unternehmen (easyJet) zu begleichen ist.

Wir fordern Sie hiermit nochmals zur Erstattung des Betrages von 1034,27 € bis zum 08. März 200Y auf.

Mit freundlichem Gruß
Unterschrift

Eine Antwort ist nun wohl kaum noch zu erwarten.

Nachdem der Brief im Kasten ist, kommt am 27. Post. Ein Brief aus Wien. Er trägt den Poststempel Wien 20.02.0Y und ist von der;

GESELLSCHAFT m.b.H.
INTERNATIONAL INSURANCE ADJUSTERS

Herrn X...
Anschrift

                                    Wien, 17. Februar 200Y
Unser AZ: GBB-124xxx   Rückflug aus Newcastle

Sehr geehrter Herr X...!

Wir wurden als auf die weltweite Geltendmachung von Forderungen spezialisierte Kanzlei von Ihrer Rechtsschutzversicherung, A-z, beauftragt, Ihre im Zusammenhang mit dem eingangs erwähnten Ereignis stehenden Ansprüche zu betreiben. Zu diesem Zweck steht uns ein weltweites Netz von Partnerniederlassungen zur Verfügung – in Ihrem konkreten Fall wird die hauptsächliche Bearbeitung dementsprechend direkt vor Ort in Großbritannien erfolgen.

Aus den Beilagen ist ersichtlich, dass EasyJet bislang leider ausschließlich ablehnend auf Ihre diversen Schreiben reagiert hat. Bevor wir uns daher abermals an diese Fluglinie wenden, ersuchen wir Sie, uns noch folgende ergänzende Informationen zukommen zu lassen:

Wie Sie mitgeteilt haben, kam offenbar kein weiterer Fluggast mit demselben Problem zum Schalter von EasyJet, was Sie zu einer interessanten Schlussfolgerung veranlasst hat. Können Sie sich erinnern, ob Ihr Flug auf der Anzeigetafel am Flughafen aufgelistet war, zusammen mit dem Vermerk „canceled"? Dies wäre die übliche Situation bei tatsächlich geplanten, aber annullierten Flügen.

Können Sie uns Kopien Ihrer Rückflugtickets/Boarding Cards/etc. zukommen lassen?

Ihrem Antwortschreiben sehen wir mit Interesse entgegen.

Mit freundlichen Grüßen
Stempel und Unterschrift

Über diesen Brief war ich etwas verwundert, zumal mir die Rechtsschutz-Versicherung bisher nicht antwortete und keine Kopie einer Auftragserteilung zuschickte. Nachdenklich stimmt mich auch die Wortwahl in dem Schreiben. Ein Rechtsanwalt, der einen Klienten vertreten will, der sollte sorgfältiger mit seinen Worten umgehen. Schließlich ist er auf eine gute Zusammenarbeit mit mir angewiesen. Da verbietet es sich von selbst den Partner in der Sache nicht mit den Worten *'ersuchen wir Sie'* sondern mit einer Höflichkeitsform wie 'bitten wir Sie' zur gefälligen Mitarbeit zu bewegen. Vielleicht ist das heute in Österreich so üblich.

Mir waren die Österreicher bisher hingegen als charmanter und zugänglicher bekannt.

Außerdem gefiel mir die sehr dicke, vollmundige, übertriebene aggressive Einlassung nicht.

Wie lautete sie noch mal?

Wir wurden als auf die weltweite Geltendmachung von Forderungen spezialisierte Kanzlei von Ihrer Rechtsschutzversicherung, A-z, beauftragt, Ihre im Zusammenhang mit dem eingangs erwähnten Ereignis stehenden Ansprüche zu betreiben. Zu diesem Zweck steht uns ein weltweites Netz von Partnerniederlassungen zur Verfügung – in Ihrem konkreten Fall wird die hauptsächliche Bearbeitung dementsprechend direkt vor Ort in Großbritannien erfolgen.

Wenn das so ist wie sie schreiben, dann ist wohl ein Erfolg in Kürze zu erwarten. Doch allein der Briefkopf, ein Unternehmen, weltweit agierend, als GmbH eingetragen, deutet auf eine andere Schlussfolgerung hin. Hier wird eine Fassade aufgebaut, die wahrscheinlich bei dem ersten Gegenangriff zusammenbricht. Diese dick aufgetragene, von Großmannssucht strotzende Art stimmt mich in der Regel sofort nachdenklich.

Dennoch schicke ich folgendes Antwortschreiben:

Gesellschaft m.b.H.
International Insurance Adjusters
Anschrift in Wien, Austria

27.02.200Y

Ihr Zeichen: GBB-124xxxx, Rückflug aus Newcastle
Ihr Schreiben vom 17. Februar 200Y

Sehr geehrte Damen und Herren!

Heute habe ich Ihren Brief zu o.g. Vorgang erhalten. Darin schreiben Sie, dass die A-z Sie mit der Durchsetzung unserer Ansprüche an die Fluggesellschaft easyJet beauftragt hat. Von der A-z steht eine Kopie zu Ihrer Beauftragung noch aus. Ebenfalls geht aus Ihrem Schreiben nicht hervor, ob Sie diesen Auftrag annehmen. Ich gehe aber davon aus und komme deshalb Ihrem Ersuchen nach und übersende anliegend die gewünschten Unterlagen.

Grundsätzlich ist täglich ein Flug der Fluggesellschaft easyJet von Newcastle nach Berlin geplant. An dem vorgesehenen Rückreisetag (27. September 200X) waren wir gegen 11 Uhr am Flughafen. Da alle Abfertigungsschalter in Newcastle für die Abfertigung aller Fluggäste für alle Flüge zuständig sind, haben wir auf Auszeichnungen an Anzeigetafeln nicht geachtet. Wir haben uns zu einem relativ leeren Abfertigungsschalter begeben und dort von der Annullierung des Fluges erfahren.

Mit freundlichen Grüßen
Unterschrift *Anlagen*

Unabhängig von der Verfolgung unserer Interessen im Rechtsstreit fahre ich mehrgleisig und will mit dem Problem an die Öffentlichkeit gehen.

Nach einigen Tagen ruft Herr Mäder vom RBB an. Ich schicke ihm folgendes Schreiben.

Rundfunk Berlin Brandenburg
Herrn Dieter Mäder
Anschrift in Berlin

08.03.200Y

Stichwort: Nicht zu fassen
Ihr Anruf vom 08.03.200Y

Sehr geehrter Herr Mäder,

bezugnehmend auf Ihren heutigen Anruf erhalten Sie beiliegend Kopien zum Vorgang easyJet. Zwei davon sind Schreiben vom Luftfahrtbundesamt und weitere vier zum Schriftverkehr mit der A-z zwecks Inanspruchnahme meiner Rechtsschutzversicherung. Der gesetzte Termin bei der A-z (07.03.200Y) wurde wiederum nicht eingehalten. Eine Antwort steht aus.

Mit freundlichen Grüßen
Unterschrift

6 Anlagen

Im Telefongespräch mit Herrn Mäder haben wir den Austausch aller Dokumente vereinbart. Er hatte noch eine E-Mail an easyJet und mir die Kopie geschickt.

Als Ombudsmann des Rundfunks Berlin-Brandenburg versuchte er mit der Pressestelle von easyJet Kontakt aufzunehmen. Auch das war nicht möglich, denn easyJet reagierte auf sein Schreiben nicht.

Demzufolge entschließt er sich zu einem Interview mit mir, welches der RBB radioBerlin 88,8 am 14. März 200Y in der Sendung „Nicht zu fassen" ausstrahlt.

Von der Rechtsschutzversicherung trifft endlich ein Antwortschreiben ein, das auf den 10.03.200Y datiert ist.

Es hat folgenden Inhalt:

A-z Rechtsschutz-Service GmbH
-im Auftrag der A-z Versicherungs-AG-

Herrn X...
Anschrift

                                        10.03.200Y, Frau W ...

P Rechtsschutz-S
Schadennummer: 10 RS xxxxxxxxx
RS-Fall vom 27.09.200X zu PRS 10 xxxxxxxxx
Ihr Rechtsanwalt: B..., Anschrift in Wien

Sehr geehrter Herr X...,

wir nehmen Bezug auf Ihr Schreiben und fügen Ihnen gern unsere Anwaltsbeauftragung vom 15.02.200Y bei. Diese hat Sie offensichtlich leider nicht erreicht.

Durchaus können wir Ihren Unmut verstehen, jedoch haben sich die Schreiben in dieser Angelegenheit offensichtlich überschnitten bzw. nicht erreicht, so dass diese Missverständnisse auftraten. Wir bitten um Entschuldigung. Wir hoffen nunmehr, dass Ihre Angelegenheit zu Ihrer Zufriedenheit mit Hilfe des Anwaltes geklärt werden kann.

Sofern Sie Fragen haben, stehen wir Ihnen jederzeit gern zur Verfügung.

Mit freundlichen Grüßen
Ihre A-z Rechtsschutz-Service GmbH

Es ist schon eigenartig, dass mich Nachrichten und Informationen dieser Mitarbeiterin der Rechtsschutzversicherung nie erreichen. Erst wollte sie mich angeblich telefonisch informieren und nun soll gar der abgesandte Brief nicht angekommen sein. Warum kommen nur immer alle anderen Schreiben an. Welche Missverständnisse meint sie eigentlich? Mir fällt keines ein. Eindeutig ist nur eine fragwürdige Arbeitsweise dieser Dame. Über diese Floskeln nachzudenken bringt nichts.
Widmen wir uns lieber anderen Dingen.

Mit Posteingang 17.03.0Y erreicht uns wieder ein Schreiben von easyJet.

EasyJet/easyLand London

Herrn X...
Anschrift in Berlin

9. März 200Y

Ihre Buchungsnummer: E7DSxxx
Ihre Korrespondenzreferenz: E115xxxx

Sehr geehrter Herr X...,

vielen Dank für Ihr Schreiben vom 22. Februar 200Y.

Wir gestatten uns, auf den schon vorliegenden Schriftwechsel zu verweisen. Neue Erkenntnisse liegen nicht vor. Eine Erstattung der geforderten Kosten lehnen wir daher erneut ab.

Stellung zum ähnlichen Thema werden wir in der Zukunft nicht mehr nehmen, da der Sachverhalt in der Vergangenheit bereits vollständig aufgegriffen wurde.

Mit freundlichen Grüßen
Unterschrift
easyjet Kundendienst

Richtig ist, dass der Sachverhalt in der Vergangenheit vollständig aufgegriffen wurde. Doch das war leider nur einseitig. Wir warten noch heute auf die Antwort von easyJet, die den Grund der Annullierung des Fluges offenbart. Die Fluggesellschaft ignoriert nach wie vor diese berechtigte Forderung, wie sie in der EU-Verordnung Nr. 261/2004 vorgeschrieben wurde. Danach ist easyJet verpflichtet, „die Fluggäste über den Grund der Annullierung zu unterrichten". Aber wie bereits erwähnt, interessiert sich bei easyJet niemand für die Rechte von Fluggästen. Umsatz, Gewinn und Kommerz stehen im Vordergrund.

Zwischenzeitlich bekomme ich ein neues Angebot zu einer privaten Rechtsschutzversicherung mit neuen interessanten Konditionen. Und das ausgerechnet von dem Unternehmen, bei dem ich versichert bin. Da es zu einem geringeren Preis angeboten wird, als meine jetzige Versicherung dotiert ist, reagiere ich darauf sofort mit folgendem Anschreiben:

A-z Versicherungs-AG-
Anschrift in Berlin

15.03.200Y

PRS 10/08xxxxxxxxxx

Sehr geehrte Damen und Herren,

ich habe seit vielen Jahren eine private Rechtsschutzversicherung mit Ihrer Versicherungs-Aktien-Gesellschaft. Entsprechend der Forderungen durch Ihre zuständige Stelle habe ich für dieses Jahr einen Jahresbeitrag von 172,77 € bezahlt.

Am 15.03.200Y wurde mir von Mitarbeitern Ihres Hauses eine private Rechtsschutzversicherung ohne Selbstbeteiligung zu gleichen Bedingungen und Voraussetzungen mit einem Preis von 138,99 € pro Jahr angeboten.
Bitte teilen Sie mir mit, warum von mir ein Jahresbeitrag von 172,77 € gefordert wurde, obwohl von Ihnen die gleiche Rechtsschutzversicherung zu einem weitaus niedrigeren Preis angeboten wird.

Mit freundlichen Grüßen
Unterschrift

Eine Antwort auf dieses Schreiben habe ich nicht erhalten. Vielleicht war die Bearbeiterin wieder Frau W... und ihre Antwort ist auf dem Transport in der Atmosphäre verdampft.

Weitere Wochen vergehen, in denen weder von der Anwaltskanzlei in Wien noch von der A-z Rechtsschutzversicherung in Berlin irgendwelche Informationen bei uns eingehen.

Deshalb schreibe ich erneut einen Brief:

A-z Rechtsschutz-Service GmbH
-im Auftrag der A-z Versicherungs-AG-
Anschrift in Berlin

28.03.200Y

P Rechtsschutz-S
Schadennummer: 10 RS xxxxxxxxx
RS-Fall vom 27.09.200X zu PRS 10 xxxxxxxxx

Sehr geehrte Damen und Herren,

Sie haben mir mit Ihrem Schreiben vom 10.03.200Y Ihre Anwaltsbeauftragung vom 15.02.200Y zugestellt. Dies ist erst nach Anmahnung und mit offensichtlich falschen Entschuldigungsgründen erfolgt.

Ungeachtet dessen ist seit dem 15.02.200Y viel Zeit vergangen. Da bis heute das von Ihnen in Wien ausgewählte Anwaltsbüro P.L.B. uns gegenüber noch keine Auftragsannahme bestätigt hat und weder durch eine Kopie eines Schreibens an die Gegenpartei, hier easyJet, Aktivitäten in der Sache nachgewiesen wurde, erlauben wir uns, bei Ihnen als eigentlichen Vertragspartner nachzufragen, ob denn in Ihrem Unternehmen eine diesbezügliche Auftragsbestätigung eingegangen oder eine Interessenbekundung bzw. andere Tätigkeit in der Sache durch das Anwaltsbüro erfolgt ist.

Sollte hier nichts erfolgt sein, bitte ich Sie, uns die Möglichkeit zu eröffnen, selbst tätig zu werden. Wir würden dann über den Anwaltsverein in Berlin oder die Bundesrechtsanwaltskammer einen geeigneten Anwalt auswählen.

Eine Antwort erwarten wir bis zum 11.04.200Y. Ist bis dahin keine Antwort von Ihnen bei uns eingegangen, gehen wir davon aus, dass wir in Ihrer Vollmacht tätig werden sollen.

Beiliegend erhalten Sie zur Vervollständigung Ihrer Akten eine Kopie der endgültigen Zurückweisung unserer Forderungen durch die Fluggesellschaft easyJet, die uns zur Handlung zwingt, da ansonsten unser Anspruch verfällt.

Mit freundlichem Gruß
Unterschrift

1 Anlage

Nachdem einige Tage vergangen sind, erreicht uns ein Anruf aus Wien. Herr D... vom Anwaltsbüro P.L.B. meldet sich. Er bestätigt telefonisch den Eingang unseres Schreibens und der geforderten Unterlagen.₃

Ein Schreiben von der Rechtsschutzversicherung ist an diesem Tage bei der Rechtsanwaltskanzlei eingegangen. Eine Kopie meines Schreibens mit der von mir an die Rechtsschutzversicherung gesandten Kopie des Schreibens von easyJet lagen als Anlagen bei.

Der Rechtsanwalt bestätigt auch den Erhalt meines Schreibens und die geforderten beigefügten Unterlagen, die ich ihm vor mehr als sechs Wochen zugesandt habe. Ansonsten stammelt er etwas zusammenhanglos von Kontakten mit der Rechtsschutzversicherung und easyJet. Das ihr Büro den Auftrag von der Versicherungsgesellschaft bekommen habe. Und das alles lange dauern kann.

Bei dieser Arbeitsweise, die alle Beteiligten bislang an den Tag gelegt haben, ist mir das klar. Ich versuche seine Gedanken zu ordnen und frage deshalb nach:

„Bisher weiß ich immer noch nicht, ob Ihre Kanzlei den Auftrag angenommen hat oder nicht."

„Wir haben Ihnen doch geschrieben, und Sie haben uns auch die Unterlagen geschickt", antwortet er.

„In diesem Schreiben haben Sie aber nicht die Übernahme des Auftrages erklärt und von meiner Versicherungsgesellschaft, die Ihr Auftraggeber ist, konnte ich bisher auch nicht erfahren ob Sie den Auftrag angenommen haben."

„Sie haben uns doch die Unterlagen geschickt, die wir gebraucht haben", erwidert er erneut.

„Die habe ich Ihnen in der Annahme zukommen lassen, dass Sie die benötigen um prüfen zu können, ob der Auftrag Erfolg verspricht und es für Sie überhaupt sinnvoll erscheint, diese Sache zu vertreten."

Daraufhin meint er: „Ich glaube schon, dass Ihre Forderungen gegenüber easyJet berechtigt sind."

„Damit ist aber meine Frage aus meinem Schreiben noch nicht beantwortet. Übernehmen Sie den Fall oder nicht?"

In Ausflüchte fliehend antwortet er: „Ihre Rechtsschutzversicherung hatte uns doch den Auftrag erteilt."

„Haben Sie denn gegenüber der Versicherungsgesellschaft die Übernahme des Auftrages erklärt. Von dort habe ich bisher auch nicht erfahren können, ob Sie den Auftrag angenommen haben."

Dann erzählt er mir: „Na, deshalb rufe ich ja an, weil mir die Versicherungsgesellschaft Ihr Schreiben geschickt hat, und ich Ihnen sagen wollte, dass wir an easyJet vor etwa vier Wochen geschrieben haben und noch keine Antwort da ist."

Ist der so blöd' oder tut er nur so?

Ich musste diesen Gedanken unterdrücken, um ihn nicht auszusprechen.

Deshalb formulierte ich vorsichtig aber bestimmt:

„Kann ich also davon ausgehen, dass Sie den Auftrag angenommen haben?"

Da er sich auch jetzt noch nicht eindeutig erklärt, werde ich deutlicher.

„Als Rechtsanwalt müssten Sie doch wissen, dass ein Vertrag nur durch eine übereinstimmende Willenserklärung zustande kommt. Das heißt sie müssten erklären, ob Sie den Auftrag annehmen. Bisher gibt es doch nur den Auftrag oder haben Sie bereits zu diesem Vorgang einen Vertrag mit der Versicherungsgesellschaft."

Er wiederholt sich: „Na, deshalb rufe ich ja an."

Da eine Pause eintritt und er immer noch nicht erklärt, ob er nun den Auftrag annehme oder nicht und dann wieder ausweichend reagiert, von easyJet und der Rechtsschutzversicherung spricht, unterbreche ich erneut:

„Wenn Sie den Auftrag annehmen, dann ist Ihr Vertragspartner die Versicherungsgesellschaft, dass bedeutet, dass Sie mich zwar vertreten, weil aber mein Vertragspartner ebenfalls die Versicherungsgesellschaft ist, muss ich meine Wünsche und Forderungen an Sie immer über die Versicherungsgesellschaft leiten und umgekehrt ebenfalls. Und da Ihre Kanzlei in Wien ist und die Versicherungsgesellschaft und ich in Berlin, ist das offenbar ein langwieriges Verfahren."

„Aus diesem Grunde rufe ich jetzt an, die Rechtsschutzversicherung hat mich aufgefordert mit Ihnen Kontakt aufzunehmen", versucht er mir zu erklären.

Habe ich mich nun so undeutlich ausgedrückt? Will er mich nicht verstehen, oder kann er mich nicht verstehen? Diese Frage drängte sich mir auf. Oder redet hier ein Berliner an einem Wiener vorbei? Vielleicht haben auch die gleichen Worte in Österreich und Deutschland verschiedene Bedeutung? Wie das in anderen Ländern mitunter auch der Fall ist. Zum Beispiel bei Engländern und US-Amerikanern. So hat das Knie in beiden Ländern völlig voneinander abweichende Vokabeln.

Selbst die Deutschen unter sich finden in der Begriffsbestimmung für einige Dinge keinen gleichen Sprachgebrauch. Während der Berliner bei zwei verschiedenen Frühstücksbackwaren zwischen Schrippe und Brötchen unterscheidet, werden vom Bayern beide in seiner Einfältigkeit als Brötchen bezeichnet, obwohl diese Backwaren schon rein äußerlich sich stark voneinander unterscheiden. Das gleiche ist bei einem gewissen Schmalzgebäck festzustellen. Während der Bayer dazu Berliner sagt, ist das gleiche Stück Kuchen in Berlin ein Pfannkuchen. Denn es ist ja tatsächlich ein in der Schmalzpfanne gebackener Kuchen.

Zweifel kamen auf, die ich durch erneute Fragen zu beseitigen suchte.

„Ich gehe also davon aus, dass Sie den Auftrag angenommen, und wenn Sie an easyJet geschrieben haben, kann ich davon ausgehen, dass Sie die Versicherungsgesellschaft davon in Kenntnis gesetzt haben. Wenn die Versicherungsgesellschaft eine Kopie dieses Schreibens hat, dann könnte ich mir diese Kopie von dort beschaffen?"

„Nein ich glaube die Rechtsschutzversicherung hat dieses Schreiben nicht."

„Ich hätte natürlich gerne gewusst, was Sie in der Sache unternommen und an easyJet geschrieben haben. Sie sind zwar nicht mein direkter Vertragspartner, da sie mich aber vertreten, möchte ich Sie bitten, mich von allem, was Sie in der Angelegenheit unternommen haben und unternehmen werden, zu informieren. Deshalb möchte ich Sie bitten mir eine Kopie von dem Schreiben, das sie an easyJet gesandt haben zu schicken."

„Das ist möglich, ich veranlasse dass gleich, es wird nur ein paar Tage dauern, bis es bei Ihnen ankommt. Es ist schon vor vier Wochen an easyJet gegangen. Eine Antwort haben wir noch nicht. Die reagieren genauso wie auf Ihre Schreiben. In den nächsten Tagen werden wir erneut an easyJet schreiben. Dann müssen wir weitere vier Wochen abwarten."

Darauf warf ich ein: „Schicken Sie mir doch bitte von diesem Schreiben ebenfalls eine Kopie."

„Das werden wir tun", kam zur Antwort. Dann fuhr er fort: „Wenn easyJet wieder nicht reagiert, werden wir unser Partnerbüro in London mit der Fortführung der Angelegenheit beauftragen. Die werden dann eine Klage bei Gericht einreichen, bis das Gericht zu einem Entscheid kommt, werden bestimmt noch einmal sechs Monate vergehen. Sie kennen das ja aus Deutschland, da ist das auch nicht anders."

Einige Tage danach bringt der Briefträger folgendes Schreiben nebst der gewünschten Kopie des Schreibens an easyJet. Die Auftragsannahme fehlt.

Das Schreiben hat folgenden Wortlaut:

Gesellschaft m.b.H.
International Insurance Adjusters
Anschrift in Wien, Austria

Herrn X...
Anschrift in Berlin

Wien, 12. April 200Y

Unser AZ: GBB-124xxxx, Rückflug aus Newcastle

Sehr geehrter Herr X...!

Wie telefonisch besprochen anbei eine Kopie unseres Urgenzschreibens an EasyJet. Sollte auf unsere Mahnung wiederum keine Reaktion erfolgen, würden wir unsere englische Partnerkanzlei einschalten, um rechtliche Schritte direkt vor Ort einzuleiten.

Mit freundlichen Grüßen
Stempel und Unterschrift

1 Beilage

Die Beilage hatte folgenden Inhalt:

Gesellschaft m.b.H.
International Insurance Adjusters
Anschrift in Wien, Austria

EASYJET
Airline Company Ltd.
London Luton Airport
BEDFORDSHIRE LU2 9LS
UNITED KINGDOM

6. März 200Y

Our ref.: GBB-124xxxx   Your ref.: Kundendienst Team   Frau F...,

Sehr geehrte Damen und Herren!

Ihre Referenz: E105xxxx/E115xxxx
Buchungsnummer E7DSxxx Rückflug Newcastle-Berlin
Wir wurden von der Rechtsschutzversicherung des Herrn X..., A-z, beauf-
tragt, die Interessen ihres Versicherungsnehmers infolge der Annullierung
seines für den 27.09.200X gebuchten Rückfluges wahrzunehmen.
Wie aus unseren Unterlagen ersichtlich ist, hat sich Herr X... bereits
mehrmals direkt an Sie gewandt, zuletzt mit Schreiben vom 27.11.200X,
der nähere Sachverhalt sollte Ihnen daher bereits bekannt sein. In Ihren
diesbezüglichen Antwortschreiben teilen Sie mit, dass, wenn die Annullie-
rung auf Umstände außerhalb Ihres Einflussbereiches zurückzuführen ist,
die von Herrn X... geltend gemachten Forderungen zu Unrecht be-
stünden.

Bemerkenswert dabei ist, dass beide Antwortschreiben in der Möglich-
keitsform verfasst sind, dass die genannten Vorraussetzungen tatsächlich
vorlagen bzw. eine bestimmte Ursache wird nicht behauptet. In der Tat
haben unsere diesbezüglichen Nachforschungen – insbesondere auch
unter Mithilfe des Flughafens Newcastle – ergeben, dass derartige außer-
gewöhnliche Umstände nicht vorlagen, ebenso konnte eine wetterbeding-
te Annullierung ausgeschlossen werden.

Wir nehmen daher an, dass Sie nun umgehend Ihre Verantwortung dem
Grunde nach anerkennen und erwarten Ihre diesbezügliche Bestätigung.

Mit freundliche Grüßen
Stempel und Unterschrift

Etwa zur gleichen Zeit erreicht uns ein Brief aus London. Er ist von der
obersten Luftfahrtaufsichtsbehörde in England. Sie ist vergleichbar mit der
Bundesaufsichtsbehörde in Braunschweig. Voller Interesse öffne ich den
Umschlag. Das Schreiben ist in der englischen Sprache verfasst und hat
folgenden Inhalt:

AIR TRANSPORT USERS COUNCIL
Anschrift in London, Großbritannien

12. April 200Y   *Our Ref: 128-152*

Mr X...
Anschrift in Berlin, Deutschland

Dear Mr X...

Thank you for your letter of 3. April 200Y requesting our assistence with your complaint against Easyjet.

For reasons mainly of practicality and resources, we provide a mediation service (where appropriate) only for UK residents and where the flight was contracted in the UK or where first leg of the journey starts from a UK airport. I am afraid that we will not therefore take up your complaint on your behalf. You might, however, wish to contact the relevant authority in your own country to see whether they are in a position to help you (see enclosed list).

Your sincerely
Consumer Affairs Manager

Ins Deutsche gebracht, steht in dem Schreiben:

Sehr geehrter Herr X...,

vielen Dank für Ihren Brief vom 03.04.200Y in dem Sie um unsere Unterstützung für Ihre Beschwerde gegen Easyjet baten.

Aus in erster Linie praktischen Gründen sowie fehlender Ressourcen bieten wir diesen Vermittlungsservice nur für britische Staatsbürger an oder wenn der Flug in GB gebucht wurde, bzw. GB der Startpunkt der Reise war.

Es tut mir leid, Ihnen deshalb mitteilen zu müssen, dass wir Ihre Beschwerde nicht unterstützen können. Am besten, Sie versuchen es über Institutionen in Ihrem Heimatland (siehe beigefügte Liste). Diese können Ihnen vielleicht weiterhelfen.

Mit besten Grüßen

In der beigefügten Liste ist das Luftfahrt-Bundesamt (LBA) in Braunschweig neben den Aufsichtsämtern in den anderen EU-Ländern aufgeführt und dick rot eingerahmt.

Hier werden die Unzulänglichkeiten unserer viel gerühmten Demokratie deutlich. Wer ist nun zuständig? Die EU-Behörde in Brüssel verwies uns an das LBA in Braunschweig. Diese oberste Bundesbehörde verwies uns nach London. Und London verweist uns wieder nach Braunschweig.

Irgendwie beißt sich hier die Katze in den Schwanz. Man gewinnt den Eindruck, die Bürger finanzieren über Ihre Steuern aufgeblähte staatliche Institutionen, die sich ihrer Verantwortung entziehen.

Funktioniert so Demokratie in einem Rechtsstaat? Wie bekommt nur der sein Recht, dem das Gesetz recht gibt?

Jetzt wird auch klein Fritzchen ratlos!

Da sich in den folgenden Wochen keinerlei Nachricht einstellt, erachte ich es für notwendig erneut einen Brief mit folgendem Inhalt zu schreiben:

P.L.B.
Gesellschaft m.b.H.
International Insurance Adjusters
Anschrift in Wien, Austria

21.05.200Y

Ihr Zeichen: GBB-124xxxx, Rückflug aus Newcastle
Ihr Schreiben vom 12. April 200Y

Sehr geehrter Herr D...!
Danke für die Information vom 12.04.0Y.

Uns interessieren der gegenwärtige Stand zum o.g. Vorgang und Ihre Aktivitäten. Für einen kurzen Zwischenbericht einschließlich Kopien wären wir dankbar.

Beiliegend in Kopie unser Schreiben an die Aufsichtsbehörde in England vom 03.04.0Y und deren Antwort vom 12. April 200Y.

Mit freundlichen Grüßen
Unterschrift   *2 Anlagen*

Bald darauf kommt ein Brief aus Wien. Darin steht:

Gesellschaft m.b.H.
International Insurance Adjusters
Anschrift in Wien, Austria

Herrn X...
Anschrift in Berlin

Wien, 31. Mai 200Y
Unser AZ: GBB-124xxxx, Rückflug aus Newcastle

Sehr geehrter Herr X...!

Wir müssen Ihnen leider mitteilen, dass EasyJet nach dem letzten an Sie gerichteten Ablehnungsschreiben auch auf unsere diverse Urgenzen nicht mehr reagiert hat. Dies entspricht durchwegs unseren Erfahrungen betreffend die Geltendmachung von Passagierforderungen gegen so genannte Billigfluglinien. Es ist daher nicht mehr damit zu rechnen, dass in dieser Angelegenheit eine außergerichtliche Einigung erzielt werden kann.

In einem nächsten Schritt wäre nun erforderlich, unsere Partner in England mit der weiteren Betreibung Ihrer Ansprüche vor Ort zu betrauen. Aus den Eingangs genannten Gründen würde dies mit großer Wahrscheinlichkeit auf einen Rechtsstreit vor Gericht hinauslaufen, dessen Ausgang aufgrund des Zurückhaltens von Informationen durch EasyJet nicht nur hinsichtlich eines Erfolges, sondern auch in Bezug auf die zeitliche Dauer ungewiss ist. Jedenfalls müssten Sie damit rechnen, zumindest einmal – als Prozesspartei auf eigene Zeit und Kosten – für eine Aussage nach England anreisen zu müssen.

Alternativ dazu konnten wir Ihre Rechtsschutzversicherung davon überzeugen, im Sinne eines besonderen Kundenservices Ihnen die gesamte(!) Forderung abzulösen und so diesen Fall rasch und unbürokratisch abzuschließen. Sollten Sie damit einverstanden sein, geben Sie bitte die gewünschte Bankverbindung bekannt. Eine Überweisung würde dann direkt von Ihrer Rechtsschutzversicherung an Sie erfolgen.

Ihrem Antwortschreiben sehen wir mit Interesse entgegen.

Mit freundlichen Grüßen
Stempel und Unterschrift

Hier sind mehrere Dinge festzustellen, die zum Nachdenken anregen.

Welche diverse Urgenzen kann das Schadenbehandlungsbüro nachweisen?

Auf unsere Bitte, Nachweise zu erbringen, gab es bisher keine solchen.

Hat das Büro überhaupt ein Interesse den Vorgang intensiv weiter zu verfolgen? Bringt dieser Auftrag vielleicht nicht genügend Geld gemessen an dem Arbeitsaufwand? Oder haben die Bearbeiter in Wien vielleicht die gleiche Einstellung wie der Rechtsanwalt aus Düren?

In unserem Telefonat war der ja der Auffassung:
„Für einen Flug mit einem Billigflieger, der für drei Personen weniger als einhundert Euro kostete, kann man doch nicht mehr als eintausend Euro zur Begleichung der Kosten und als Schadensersatz fordern."

Dem ist berechtigter Weise entgegenzuhalten, in der EU-Verordnung Nr. 261/2004 heißt es ausdrücklich:

„Die Fluggastrechte gelten auf Linien- und Charterflügen im Inlands- und im internationalen Verkehr, und zwar sowohl für Fluggesellschaften mit vollem Bordservice als auch für Billigfluggesellschaften."

Ich bin ja der Auffassung, man sollte einmal einen Präzedenzfall schaffen, um diese Fluggesellschaft auf den Boden der Realität zurückzuholen und wäre bereit für eine Aussage in einem Prozess nach England zu fliegen. Aber vielleicht hat das Büro in Wien gar keine Partner in England? Vielleicht war das alles nur Schaumschlägerei von dieser GmbH?

Die zeitliche Dauer spielt für mich keine Rolle. Schließlich kenne ich die schleppende Arbeitsweise von deutschen Gerichten. Wo ich in einer Klage nach fast zehn Jahren schon einmal allein ohne einen Rechtsanwalt mein Recht erkämpfte. Damals ging es um viel Geld. Hier sind es ja nur etwas mehr als eintausend Euro. Deshalb stimme ich letztendlich dieser zwiespältigen Lösung zu, die mich keinesfalls befriedigt. Denn in diesem Falle vergeudet die A-z Rechtsschutzversicherung nach meiner Meinung gewissenlos die Gelder der Versicherungsgemeinschaft.

In Unkenntnis finanzieren die Versicherungsnehmer einen Vorgang, der durch sie nicht zu finanzieren ist. Streng genommen handelt es sich um eine Art der Veruntreuung der Gelder der Versicherungskunden.

Jeder Versicherungsnehmer dieser Gesellschaft trägt einen Teil des an uns gezahlten Geldes. Damit bewirkt er unbewusst eine Erhöhung der Versicherungsprämie, die er demnächst zu zahlen hat.

Wir sind zwar zufrieden, wenigstens dieses Geld zu erhalten. Alle anderen Kosten und der Ärger, den diese Reise bereitet hat, sind jedoch nicht abgegolten.

Ich schreibe folgenden Brief und gebe unser Einverständnis:

P.L.B.
Gesellschaft m.b.H.
International Insurance Adjusters
Anschrift in Wien, Austria

21.06.200Y

Ihr Zeichen: GBB-124xxxx, Rückflug aus Newcastle
Ihr Schreiben vom 31. Mai 200Y

Sehr geehrter Herr D...!

Danke für Ihre Bemühungen.

Sie haben eine Lösung gefunden, wie unser rechtmäßiger Anspruch zu unseren Gunsten beglichen wird. Wie aus Ihrem Schreiben zu entnehmen ist, will die Rechtsschutzversicherung die gesamte Forderung ablösen.

Wir sind einverstanden, wenn der Gesamtbetrag von 1034,27 € auf unser Konto bei der Berliner Sparkasse, Konto-Nr. xxxxxxxxxx, Bankleitzahl xxxxxxxx überwiesen wird und sich keine nachteilige Wirkung für die bestehende Rechtsschutzversicherung ergibt.

Natürlich kann die vorgeschlagene Lösung nicht im Sinne der Versiche-

rungsgemeinschaft sein, zumal ich vom Erfolg unseres Rechtsstreits überzeugt bin. Im Falle dieses Erfolges hätte auch die Gegenseite, hier easyJet, die Prozesskosten einschließlich einer eventuell notwendigen Anreise zu übernehmen.

Nochmals, vielen Dank für Ihre Bemühungen.

Mit freundlichen Grüßen
Unterschrift

Da in den nächsten vier Wochen das zugesagte Geld nicht auf unserem Konto verbucht wird, schreibe ich einen weiteren Brief:

P.L.B.
Gesellschaft m.b.H.
International Insurance Adjusters
Anschrift in Wien, Austria

12.07.200Y

Ihr Zeichen: GBB-124xxxx, Rückflug aus Newcastle
Ihr Schreiben vom 31. Mai 200Y und Ihre Kopie vom (26.06.0Y) 31.05.0Y

Sehr geehrter Herr D...!

Im Schreiben vom 21.06.200Y haben wir Ihnen auf Ihr Schreiben vom 31. Mai 200Y unsere Zustimmung zur Verfahrensweise zugestellt. Offenbar haben sich unsere Briefe überschnitten. Da wir jedoch bisher keine Reaktion seitens der Versicherung und von Ihnen erhalten haben senden wir Ihnen eine Kopie unseres Schreibens vom 21.06.200Y.

In der Hoffnung, dass Ihr Einsatz nunmehr zum positiven Abschluss geführt wird, verbleiben wir

mit freundlichen Grüßen
Unterschrift

Anlage

Mit dem letzten Schreiben bestätigt die A-z Rechtsschutzversicherung die Übernahme der Kosten und überweist uns den vollen strittigen Betrag.

A-z Rechtsschutz-Service GmbH
-im Auftrag der A-z Versicherungs-AG-
Anschrift in Berlin

19.07.200Y

P Rechtsschutz-S
Schadennummer: 10 RS xxxxxxxxx
RS-Fall vom 27.09.200X zu PRS 10 xxxxxxxxx
Ihr Rechtsanwalt: P.L.B., Anschrift in Wien

Sehr geehrter Herr X...,

Ihr Rechtsschutzfall ist abgeschlossen. Wir freuen uns, dass wir dabei helfen konnten. Im Rahmen ihres Rechtsschutzvertrages haben wir Kosten und Rechtsanwaltsgebühren in Höhe von 1274,27 € gezahlt.

Mit freundlichen Grüßen
Ihre A-z Rechtsschutz-Service GmbH

Irgendwann danach klingelt das Telefon. Ein Anruf von Dieter Mäder erreicht mich. Er sitzt in der Bundespressekonferenz. „Die Bundesregierung hat eine Pressekonferenz einberufen. Es geht um die Durchsetzung der Fluggastrechte nach der EU-Verordnung in Deutschland," sagt er mir. Auch ihm wird Redezeit eingeräumt. Deshalb befragt er mich: „Was hat sich in Ihrer Sache mit easyJet ergeben?"
Wir haben nur wenig Zeit. Er muss gleich wieder ins Plenum.

Kurz informiere ich ihn über die Schreiben aus Brüssel, Braunschweig und London sowie über die Lösung der finanziellen Abgeltung durch die A-z Versicherung zu Lasten der Versichertengemeinschaft, die aufgrund des Vorschlages des Anwaltsbüros in Wien gefunden wurde.
In Eile sagt er noch: „Ich trage das so vor und melde mich wieder."

Noch am gleichen Nachmittag meldet sich Herr Mäder.
„Ich habe Ihren Fall dem Gremium vorgetragen. Großes Gelächter gab es im Saal. Die Vorsitzende erklärte, dass sich die Bundesregierung in etwa einem Jahr mit einer neuen Gesetzesfassung zur Durchsetzung der Fluggastrechte in Deutschland befassen wird."

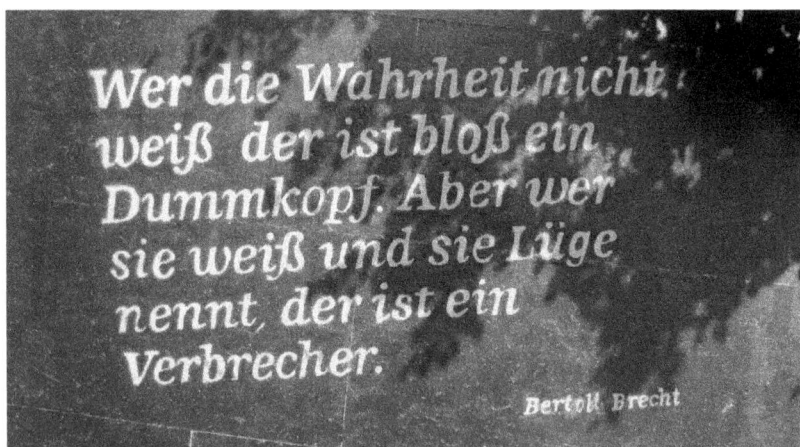

Bild 43 – Zitat von Bertolt Brecht.
Angeschlagen auf dem Alexanderplatz in Berlin.